THANK
YOU

因為你，我喜歡現在的自己

前言

比找到更好的人
還要重要的是

綺綺常説，我就像個拖油瓶一樣，老是麻煩他。

他最喜歡嘴裡嫌棄我，然後遇到問題時，再默默地陪伴我解決眼前的難題。

曾經在網路上看到某篇文章說「遠離會消耗你的人」，

嘖！

這句話讓我有種躺著也中槍的感覺，綺綺看了也開玩笑地説：「那我要離你遠一點。」

如果我身邊的人都像這篇文章所說，因為我的負面能量太多而離開，我可能到現在還在原地躊躇不前吧。

很感謝他沒有離開。

在這本書裡，將稍微跳脫白目的綺綺和任性的 Aida，以一位平凡女子的角度出發，分享最簡單、貼近真實生活的小故事，並試著從不同的角度看事情。

綺綺是個無論內在或外在都和我截然不同的人，我們在磨合時都費盡了一番功夫。雖然偶爾會怨恨他打破了我的一些原則，打亂了我原有的生活步調。不過整體來看，我們非但沒有拖垮彼此，反而以相同的步調持續進步著，我想，這也算是種意外的收穫吧。

有時候，我會從相片、過去在 FACEBOOK 上發佈的動態、和朋友之間的書信往來中，回顧過去的點點滴滴，然後發現當時的自

讓彼此成為更好的人。

己好像有一點幼稚、有一點討厭。我沒有辦法明確地說出自己在哪些地方有所改變，也許是離理想中的自己更接近、也許是朝遙不可及的夢想跨了一步、也許是少一些悲觀，多了一點信心，但我很明確地知道，和以前相比，更喜歡現在的自己了。

愛情不像我們表面上看到的如此美好，但那些不完美，也都是兩人生活的一部分。
在這本書中，也敘述了我們都很可能會碰到的問題和瓶頸，每次一同經歷的難題，都讓我們多了一起解決事情的默契。

也許有些人會感嘆：「那些瓶頸和問題讓我們失去了彼此。」
不過，有過類似的經驗，或許在將來的某一天、遇見的某個人身上，我們都能夠更成熟地去面對和處理這些事。

最後，請記得，不需要捧著書，衝去拉著另一半的耳朵說：「你為什麼沒有這樣？」
在這本書中，沒有絕對的二分法，不是這麼做就是對、反之就是錯。

曾有讀者問我：「我應該生氣嗎？」「我這樣吃醋有錯嗎？」

每個人的感受及相處模式不同，我沒有資格為事情的對錯設立標準。

哪有什麼該不該生氣、該不該在乎這樣的問題？別人說不該，難道我們就沒有資格生氣嗎？

當有些人對你說：「有需要這麼生氣嗎？我覺得還好啊。」

請告訴他：「每個人的感受不同。」

有的時候，我也會把自己的標準套用到別人身上，

或者在面對抉擇時，要求別人給我一個標準的答案，

我一直忽略了很重要的一件事：「我的感受，早就給了我最標準的答案。」

目次

Aida

剛專職當圖文作者沒多久的菜鳥。

典型天蠍座女子,愛吃醋、佔有慾強。

體型較一般女生高大,還被親戚阿姨說「漢糙」很好。

喜歡吃,但年過25以後明顯感受到消化系統一年比一年差。

Aida

歐練
(黑輪的台語發音。)

容易激動或過度緊張,一點小事也可以情緒起伏很大。

討厭洗頭,冬天曾創下五天沒洗頭的紀錄。

不喜歡喝鮮奶,會拉肚子,奶茶要喝奶精的。

超喜歡薯條、薯餅、薯塔、薯星星、薯片,一切薯的製品。

不太喜歡貓,但很愛很愛歐練。

Ki ki

喜歡咖啡，貓，旅行，

的，假文青。

（他說不准這樣寫。）

平凡的上班族。

愛好自由與集白目於一身的射手座。

喜歡把我激怒，再嫌我愛生氣。

喜歡麻辣火鍋。

喜歡下廚，煎牛排和義大利麵是他的拿手招牌。

討厭在任何食物或咖啡加入肉桂粉。

喜歡攝影，但總是把我拍得很醜，還說我本來就長這樣。

綺綺

比改變更困難的是：

維持著那些好的事情

許多人喜歡拿「剛在一起時」和「現在」來做對比，我想這就是兩人交往過程中有趣的地方，也許帶了點諷刺的意味，但仍引起大多數讀者共鳴。我自己有時也會因為他不再像以前一樣而感到心灰意冷，心中小劇場無限上演：「他不愛我了？」

想起第一次在他家洗完頭，想讓彼此更親近，緊張地請他幫忙吹頭髮（擔心被拒絕），他有點不知所措地答應了。很仔細地幫我把頭髮吹乾，雖然汗流浹背，但風速控制得很小，手勢很溫柔。

第一次的情人節，我訂了餐廳，用心準備了卡片，裡頭貼滿了我們的合照，還有一份精心挑選的禮物。他也一樣，送了我一條他精挑細選的項鍊。剛在一起的時候，我們有吃不完的餐廳和美食、看不膩的景點、約不完的會。

但過了幾年後，你忽然會開始懷疑對方到底還是不是同一個人？

像是請他幫忙吹頭髮時，
「好熱喔⋯⋯」他懶懶地癱在床上說：「下次再幫你吹頭髮好嗎？」

或是我們不再花時間準備手作禮物和卡片，

「北鼻，今年不用送我禮物了。」我露出溫和的笑容。

「我有說我要送你嗎？」他看了我一眼。

或者在某個值得歡慶的節日，只簡單地吃了頓晚餐。

「明天還要早起上班，看電影會太累啊。」

「對啊。」

「下次再去好了。」

或是天氣熱只想待在家，懶得出門約會逛街了。

「我們出去玩。」

「要去哪裡？」

「不知道……」

一小部分當初熱戀時的美好，隨著時間流逝了，取而代之的是更加樸實的日常。但那是因為我們不再需要隱藏真實的心聲、不需要對彼此客套，也沒有心力時時刻刻對他阿諛奉承。維持一開始的我們沒有改變，似乎也不是那麼容易。

在一起久了，很多事情都在不知不覺中變了，無聲無息地，無論是好的、還是壞的。

呃... 呃...

但仔細觀察，生活中還是有不曾改變的事……

像是他早上起床會幫我烤麵包、幫我倒飲料，

那時我尚未離職，

他每天出門上班前會幫我烤好麵包、裝好他自己泡的冷泡茶，

在我畫完圖出門上班時可以直接帶著出門。

看到有趣的事情、美麗的風景、吃到好吃的食物，都還是會拍照
和對方分享。

還記得有一次午餐訂了一家好吃的便當，我立刻拍下來傳給他看，

同事驚訝地看著我說，他們早就不會做這種事了。

還是喜歡膩在一起看影集，

習慣早睡早起的我們，

有時會為了某部好看的影集熬夜到深夜，再像大學生那樣跑出去
吃宵夜。

有時會為了想看某部現正熱映的電影，

兩人就忽然跑到出租店把前幾集的 DVD 全租回家複習。

在網路上看到哪間很有名的餐廳或小吃，就會 Tag 對方，相約一

起去吃。

還是會偶爾買個宵夜，一起去習慣的老地方看夜景。

偶爾發火了追著對方打、猛搥他的背。

還是很愛吃醋、很愛管他，他的一舉一動都還是很在乎。

忽然聊到什麼有趣的事情，兩人開心地大笑……

吵架的時候，還是會為對方蓋好棉被。

在一起很多很多年以後，

我們調整彼此的腳步，學習很多事情，也做了很大的改變。

除了這些收穫以外，更珍貴的，

或許是我們之間仍保留一部分當初在一起時的美好，沒有完全隨

著時間而流逝。

Part 1

To Do or Not To Do

不再強迫自己穿不適合的鞋

綺綺最常嫌我的一件事,就是他覺得我奴性很重。

就像我和他討論「我覺得一直以來,自己工作都滿順遂的」這件
事時,他常常不禁疑惑我是真的剛好都遇到不錯的老闆,還是自
己奴性太重、忽視不合理的待遇。直到我忙到身體出狀況,以狼
狽的狀態離職,才意識到自己早該結束這一切。

有一次,朋友傳了心理測驗給我,內容大致上是:「如果你肚子

剛好很餓，但卻發現僅存的食物過期了，你會 1. 吃掉過期食物、
2. 下樓再買一包，還是 3. 乾脆餓肚子不吃了？」我有點忘了實
際內容和測驗結果，不過看一眼就大概明白，這心理測驗是要檢
測自己是不是會巴著已經死去的戀情不放的那種人，我覺得朋友
一定在暗諷我的上一段戀情，所以我故意選了他意料之外的答案
（賭什麼氣呢）。

我以前挑鞋很隨性，總覺得鞋子看得順眼就好。曾經在店裡看上一雙尖頭鞋，當下覺得好喜歡，也不在乎自己究竟適不適合，立刻試穿，來回走幾步，問問身旁的人：「好看嗎？」身旁的人有沒有點頭，我也不是很在意，買鞋只是看樣式、憑感覺，而且十分固執。儘管綺綺說我的腳型不適合尖頭鞋，我還是耳朵很硬地買了，然後穿到腳趾破皮，腳跟流血，鞋子被撐到變形脫線。

還曾經因為迷戀某種款式的鞋，失心瘋地買了兩雙，穿到腳趾都快變形了、鞋子都快被撐壞了。人有時真的會被愛蒙蔽了雙眼，明明知道不適合，還是會勉強自己、一意孤行，旁人給的建議，也只會選擇自己想聽的聽。

「再試試看好了……」把鞋子套回腳上，「也許磨一磨就合腳了。」

硬要穿不合腳的鞋子也就算了，每次還都忘了在出門前做些預防措施來緩衝傷口和鞋子之間的摩擦，像是貼個 OK 繃、透氣膠帶之類的。腳痛到受不了，只好腳跟踩著鞋子，當作拖鞋勉強穿著。回到家把鞋脫下，竟然有種鬆了一口氣的感覺，看著自己發紅的腳趾和腳跟，一點都不開心，穿著它，痛苦的感覺大於一切。

「忍」功一流，真不知道是不是件好事。

過去我在感情中也是這樣，明明和有些人註定這輩子不適合，但就是看不清，最終弄得三天兩頭吵架、鬧分手，原本以為能夠磨合的事，反而把彼此越推越遠。很多事情都說明了「不適合」，但我們選擇視而不見、能忍則忍，拖一天是一天。

感情中，絕對有痛苦也有幸福，但如果在一起時痛苦大於幸福，一個人時比兩個人在一起還要快樂，這表示我們並不適合彼此，再怎麼忍耐、勉強，都無法解決。

磨合，不是單方面的消耗。

如同那雙尖頭鞋，那根本不是磨合彼此，單純只是在折磨自己。

真正的磨合，是能夠幫助彼此越來越契合。

此後，尖頭鞋被綺綺下令禁止再出現在我腳上，但他知道我非常喜歡，所以只有在我們不太需要走路的行程，例如穿得漂漂亮亮到餐廳吃飯的時候，才允許我穿上它。後來，我最常穿的一雙鞋子是一雙普通的休閒鞋，顏色和款式都很喜歡，尺寸和版型都很適合，我和它之間不太需要磨合。

至今，我還是不敢肯定綺綺就是最適合我的那雙鞋子。

不過這幾年下來，好像也沒什麼真正讓彼此忍無可忍的地方，
歡樂大於痛苦，兩人在一起時、比一個人的時候還要來得快樂。
和他在一起沒有絲毫勉強的感覺，不再被朋友說我奴性很重，硬
要和一個不適合的人在一起。
就目前來說，我想他還算合腳吧。

愛情裡，有痛苦...

也有幸福，

而幸福所佔的比例，應該要多出很多很多。

我們的事，不想要吵給別人聽。

談戀愛能讓一個人智商歸零，吵架能讓一個人失去理智。

想當然，和相戀的另一半吵架是一件多麼可怕的事。（抖）

在創作的這幾年，雖然常畫吵架鬥嘴的圖，但偶爾還是會收到讀者來信問：「你們為什麼都不會吵架？」我必須很鄭重地告訴大家：「我們會吵架，什麼雞毛蒜皮的事都能夠讓對方在轉眼間翻臉。」

記得有一次，我和綺綺在互相踢著對方玩，因為我學過跆拳道，所以腳能夠踢的高度和力道都比綺綺狠上很多。當時我旋踢掃過綺綺後腦勺，他的後腦勺感覺到一陣強風，他轉過身，壓著脾氣、雙手捧著我的臉搖晃說：「你差點踢到我了！！！很危險！！！」被搖到頭昏腦脹的我，拍開他的手，說：「我就是知道自己不會踢到你才敢踢啊！你這樣搖我頭很暈！」然後宣佈雙

方進入冷戰時刻，這絕對可以榮登當月最無聊的吵架事件。(鼓
掌)

除此之外，當然還有許多更激烈的吵架事件。

為什麼他那麼幼稚、白目？
為什麼他不讓我一點？
為什麼他不和我說話？

在一起那麼久了，
他卻一點都不了解我…
他是不是根本就不在乎我的心情。

就拿最親密的家人來說，我曾經跟自己的親弟弟吵架長達半年沒有說話沒有互動，就連跟自己從小一起長大的家人都有可能吵到不可開交了，更何況是另一個從小生長環境完全不同的他。

沒有誰是沒有煩惱、沒有爭執，感情或生活一切順遂的，
在一起這麼多年，儘管我和綺綺對彼此有諸多不滿，
但我們學著不在當下將它全都搬到檯面上，學著重視對方的隱私，學著顧及對方的感受。

某一次聊天，綺綺好奇地問我：「吵架的時候，你會上網把事情都打出來抒發讓別人看嗎？」
「以前會。」我說：「很沉不住氣。」
「現在為什麼不會了？」
「因為……」我尷尬地說：「好像也沒有什麼幫助，反而覺得被大家看了笑話。」

以前的我根本是失控王來著，無論開心、生氣，只要對任何人、事、物不滿，就會在網路上抒發，什麼「誰對不起我……」、「誰不了解我……」全都鉅細彌遺地交代。後來才明白，這些抒發根本就無濟於事，底下留言安慰我的、幫我咒罵的，也無助於解決

事情，頂多就是陪我緩和發洩當下的情緒，甚至偶爾還會有人火上加油。

沒有人是不愛面子的。

這會讓對方感到困窘，我的親友們一定是幫著我罵他（尤其是當我們抒發時，絕大部份都是說對自己有利的事情），那些在他心裡不公平、不客觀的評論、留言，他全都看得到，但他卻無法為自己平反。（如果他跳出來為自己平反，也只會造成更大的紛亂）

因此我們之間更加不開心，討了一堆安慰，卻沒有解決事情，反

而讓他心裡更加難受。底下的留言不會幫助我們修復感情，反而會更加深我們之間的裂縫。

很慶幸地，失控王這角色隨著年紀的增長，逐漸從我體內消失了。每當我想要打出情緒性的字眼，想要將對方的不是昭告天下之前，已經學會先冷靜下來思考：「這麼做，是幫助事情得到解決？還是徒增彼此的困擾呢？」

當我們在氣頭上，會給彼此冷靜的時間。
不做任何決定、不說氣話、不做會讓對方更生氣的事。

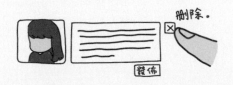

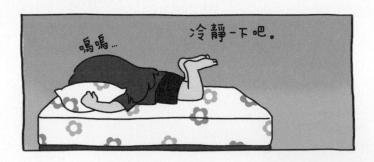

但我們畢竟不是聖人。

除了一些小爭執，能夠自己消化、找機會和對方溝通後就沒事了。當然我們也有過很激烈的爭吵，那種想立刻用封箱膠布把他嘴巴貼起來，要他閉嘴的時候；看他吵完架睡得安穩，還有股想默默爬起來掐他脖子的時候；好想分手結束這段感情，離開這傢伙的時候……這種幾乎無法和他溝通的時候，我想只能告訴自己冷靜，因為在那個當下，自己的想法和行為都是被情緒牽著走的，但是感情不該是被一時情緒左右的啊。

除了在社群網站即時轉播吵架過程以外，還有另外一種選擇：「找身邊最親密的人訴說。」

我們都有幾位很要好的朋友，有的會陪我一起罵、有的會幫助我冷靜下來思考。我會讓他們聽我說我的煩惱、讓他們給我意見，我需要的是幾個很懂很懂我的聽眾，而不是由一群陌生人來附和、解讀我的情緒。保持客觀的朋友，總能夠替我點出事情的盲點，而不是一味地替我說話。

不必再昭告天下，

不必再吵得沸沸揚揚，

不必再寫篇文章對他明示暗示，

不必再寫篇文章為自己辯護、搬救兵，

有些話、有些事，

只需要說給他聽，只要他能明白，只要他能懂我，這樣就夠了。

因為最終能夠解決事情的，還是只有彼此啊。

一同面對彼此和問題，

比起在眾目睽睽下

對他隔空喊話，

來得有用的多啊。

給個臺階下吧

我欣賞綺綺的原因之一，是他給我的感覺很聰明，而且不是耍小聰明的那種，讓人覺得很可靠。我經常對他問東問西，如果剛好問到他不懂的事，他也會立刻上網查。他並不是無所不知，但有著十分強烈的求知慾。

他總是半靠在枕頭上看書，我常問他哪部小說、經典文學好不好看，他還可以直接幫我判斷那本書適不適合我讀。我總覺得他懂得比我還要多，在某些時候，我很崇拜他。

但人有時很矛盾，喜歡一個人的優點，常常到最後反而會是討厭他的原因。

跟這樣的人相處久了以後，才發現自己吵架總是吵不過他。有些人可能會覺得默不吭聲的人很討厭，不過總是要據理力爭也是一件很累人的事，特別是我們兩人都是要爭到最後的人，好像不分

個輸贏不會罷休，連中場休息上個廁所都要思考等等該怎麼反擊他，生活宛如在打一場辯論賽。

有時候我會覺得，這事情明明很顯然就是這樣，為什麼他的看法可以和我差那麼多？為什麼怎麼解釋他就是不明白？但其實很多事情都沒有標準答案，是我們總覺得自己的看法才是正確的，並強迫對方接受。

曾經看過一句名言說：「家是講愛的地方，不是講理的地方。」

我們急著要得到對方的認同，卻沒有顧慮到對方的感受。即使最

下來吧。

吵架、爭論時，
彼此的感受比輸贏更重要，
適時的給他個台階下吧！

終自己贏得了這場爭辯，氣氛也已經被弄得很差，對方覺得難為情，我們自己也不知道獲得了什麼。

在很多很多次的爭吵以後，我們一直不斷地練習不把對方逼到絕境，而不是執著對方認不認輸。如果覺得對方總是輸不起，可以思考一下自己是不是總在對方舉旗投降的時候得寸進尺，不給一點退路，讓他陷入為難的窘境？

因為一個輸得起的人，還需要一個願意給他臺階下的人哪。

我們偶爾會想要自我反省，但卻又擔心對方會擺出一副得理不饒人的樣子。

相處了這麼長一段時間，也看盡了對方的優缺點，於是近幾年便開始培養「自我反省」和「給對方臺階下」，這兩件事是相輔相成的，是感情中最重要卻又最難學習的課題之一。

「我也知道我有時候脾氣很差啦。」我難為情地說。
「我知道啊。」他毫不客氣：「超差的。」
通常對方抓住自己認錯的時機，逮到機會一定得立刻鞭個一兩下。

但人總有自尊心的。

就算不是自尊心特別強的人，也不喜歡已經處於弱勢、低處，還要被落井下石的感覺。當對方自我反省、向你坦誠錯誤時，只要淡淡地回應他，引導他繼續說下去就好，若是急著指責他、甚至舉出更多對方的不是，往後就休想再聽到他自我反省了。

有一次，綺綺騎機車載著我，停紅綠燈時，他忽然開口問：「你會覺得我有時說話太自大嗎？」

我簡直見獵心喜。
「原來你也知道喔！！！！！！！！」我在心裡吶喊了出來，但我忍住了。

我怕傷害到他、小聲地說：「有一點。」
「你說，沒關係。」綠燈了，他又開始騎車。
「有時候，我會有點被教訓的感覺。」
「我有盡量在改了～」
「我知道。」我靠在他肩膀上，露出他看不見的得意的一笑。

如果我總是能很勇敢地在你面前反省和承認錯誤，那表示我知道
你不會讓我太難堪。

不再放縱自己的外表來試探他的愛

和綺綺一起生活了很多年,再怎麼不願意,還是被他看盡了最頹廢的一面,所以後來我也很懶得在他面前維持形象。雖然在對方面前能夠自在地生活是一件很幸福的事,但我卻一年比一年更放肆,有時看到鏡中的自己都覺得很不可思議。不知道的人,可能還以為我的生活一團糟。

啊,其實說一團糟也沒錯。

我經常頂著一頭亂髮,不梳也不洗,雖然他會開玩笑地叫我睡地上,但還是一直忍受著我油膩的瀏海。他送我的摩洛哥護髮油,也被我放到快過期,這狀況連讀者都很替綺綺感到擔憂,還有海外的讀者看不下去,說要寄一罐洗髮精送給我(我必須說我並不缺洗髮精,而是懶得使用它)。在家裡,我經常戴著一副厚重的眼鏡,鏡片上全是懶得清洗的灰塵和指紋,顧著坐在電腦前敲打

鍵盤，有時他看不過去，幫我用清潔劑洗眼鏡，我還好意思驚訝地說：「哇！變得好清楚喔！」還有，隨著年紀每況愈下的肌膚，在 25 歲以後也漸漸變得蠟黃、粗糙，但我還是懶得花幾分鐘的時間清潔和保養，連冬天時要特別重視的保濕，都是綺綺自己在擦乳液的時候順便逼著我擦，也放任嘴唇乾裂到流血，還覺得這很正常。衣服常常穿到脫線，還笑著跟綺綺說：「欸，我朋友都說我的衣服很常脫線，就跟我本人一樣。」現在想起來才發現他們完全是在損我，這到底有什麼好驕傲的。

不過呢，我個人最難以接受的是，在沒有任何不得已的因素下，走樣到回不去的身材。

尤其在前一本作品截稿後，我整個人過度放縱，整天大吃大喝，炸物和高熱量含糖飲料都是我的最愛，再加上缺乏運動，身材整整大了一號，所有合身的衣服褲子全都穿不下了，在沒有任何原因下，竟然可以因為自己的放縱胖了快 10 公斤，體脂肪指數更是居高不下。

我明白這樣的肥胖十分不健康，而且我也不喜歡這樣的自己。

我們交往的前期，綺綺也十分放縱自己，約會就是大吃大喝，也沒時間運動，不過他比我早清醒，在他開始積極地運動後，便對我明示暗示「一起運動囉」、「不要好吃懶做唷」、「這樣不健康喔」、「衣服都穿不下囉」，我還是無動於衷。總覺得感情穩定後，好像也沒什麼好在乎了，反正眼前這個人的存在，就像我大腿上的肥肉一樣自然地陪伴著我，幹嘛還要辛苦地運動呢？因此我放任自己發福、懶散，蓬頭垢面是我的最佳寫照。

「人總是現實的。」之前一位結婚十幾年的同事跟我說：「不要指望他可以容忍你懶散到什麼程度，他總有一天還是會厭煩的。」
「你看看你。」同事抓了一下我的髮尾，「好好打理一下自己好嗎？」

就這樣渾渾噩噩地過了一段日子，直到某天在服飾店，我走到全身鏡前時，打量了一下，被鏡中自己的大嬸樣嚇了好大一跳。接著我注意到身旁的女孩穿著無袖上衣和短褲，打扮得漂漂亮亮在挑衣服，挑的尺寸全都比我手上的衣服褲子小好幾號。可能只大他們五歲的我，要說看起來大他們十幾歲也說得過去。

不過，壓垮我的最後一根稻草，是我連 40 腰的長褲都穿不下了！！（大抓狂）

不許他看路邊美女，自己卻像個大嬸一樣。
「他一定忍受我很久了吧。」
望著在服飾店另一頭挑著衣服的綺綺，忽然間對他十分歉疚。

「欸。」回到家後，我忽然握住他的手：「我會好好減肥的。」
「我不是一直在叫你運動嗎？」他無奈地說。
「好。」我用極為誇張的力道緊緊抱住他，用極為誇張的語氣說：「謝謝你不嫌棄我。」
「我有嫌棄你啊。」他點了一下我的肩膀：「欸，是你聽不進去。」

後來我去買了人生中的第一雙慢跑鞋，也真的開始運動了，很規律的那種運動。從跑 200 公尺就氣喘如牛到可以完整地跑完一圈公園（大約一公里），覺得非常有成就感。

出門前，我會好好地打理自己，認真地搭配衣服，化好淡妝。
從不梳頭髮的我，開始使用護髮產品，心血來潮還會綁個馬尾。

本來連洗面乳都懶得用，現在閒來無事還會敷個臉、去角質、塗保養品。偶爾到圖書館和書店裡，感受一下書香氣息（雖然不是在自己身上）。

忽然想起和他剛在一起時的自己，每次約會都很認真地打扮，出門前連香水都不會忘記噴，總希望讓他看到最好的一面。

雖然他沒有嫌棄我（他很堅持他有在嫌棄我，是我沒放在心上），也沒有因此而拋棄我。

但人是視覺性動物，我自己明明也喜歡看美好的事物啊。

就算已經在一起很久了，也千萬別天真地相信「不管我變成怎樣，他都一樣會很愛很愛我」，別仗著對方能夠百般包容。

我們有時就連看見鏡中的自己都會覺得不順眼了，別人怎麼會喜歡呢？或許我們不需要去在乎別人的眼光，但至少努力做個自己也喜歡的人吧！

有些人會甜言蜜語地說：「把你餵胖了，你就離不開我了！」但他們卻沒想過要是有一天另一半真的離開了自己，那該怎麼辦？

真正為你好的人，會鼓勵你保持在最佳狀態，儘管沒有了他在身邊，一個人的生活依然光鮮亮麗。

變胖就再買更大件的！

穿這種褲子會
變得更胖耶…

囂張貌

這陣子流行的寬褲，
也算是我發胖的幫兇之一吧。

--- 幾度穿到40號褲的Aida

喜歡最真實的自己

有一位讀者跟我說，他一直以來都對另一半全心全意付出，但戀情總是維持不久，身邊的人一再離開他。因此他開始懷疑自己是否太過平凡，不夠優秀、不夠特別、外型不夠出色，很希望能夠擁有一個能夠一直吸引著另一半、讓對方不離開他的特點，想要當一個很優秀的人。

「可以請問綺綺除了對你很好以外，還有其它特別的原因吸引你嗎？」他好奇地問。

「沒有耶。」我冒著被綺綺掐脖子的風險回答。

「真的嗎？」

「綺綺是個很普通的平凡人，就和我一樣。」

論外形的話，我們都是走在路上不會讓人多看一眼或特別去注意的人。

論個性的話，也都像正常人有脾氣，一言不合就想掐對方脖子。

整體來説，我們都是沒有特別才華或優點、再平凡不過的人。

但不知不覺還是被對方吸引了，

總覺得和他特別合得來，這是一種感覺，無關對方夠不夠優秀。

如果我們試著回過頭檢視自己，或許可以來討論一下下列兩個問
題：

第一，試著思考對方離開自己的原因。

雖然分手時對方說的原因通常都是廢話，像是什麼是我不夠好
啊、你太好了我配不上你、我沒感覺了。這是什麼跟什麼，我好
的話你又為何要離開呢？

不過儘管對方打死不說，相處過程中，多少還是有跡可循，例如：
吵架通常是因為什麼事情而引爆，畢竟吵架時最容易不小心說出
自己的真心話了（還要假裝是氣話）。

第二，到底有沒有找到真正適合自己的對象。

有時並非我們不夠好，也不是另一半不夠好，而是運氣很差，始
終沒遇到那個適合我們的人，我們自認為全心全意地付出，或許
根本不是對方想要的。

套句廣告詞，「遇見一個互相喜歡的人是幸福，遇見一個和你一
樣牙膏亂擠的人、鞋子亂脫的人、你講了辭不達意的話，對方還
能立刻明白你想表達什麼的人是奢華的幸福。」

我也想剪這髮型~
臉看起來比較小。
你覺得咧?

有些人剛開始談戀愛時,十分沒有自信,知道另一半欣賞誰,就盲目地模仿,化濃妝、穿不適合自己的衣服⋯⋯,好變成他喜歡的模樣。之後回頭看那時期的相片,只能說慘不忍睹,比幼稚園時走平衡木摔倒被拍下來的照片還要可怕。

我們不需要為了吸引誰,刻意去營造美好的形象或是優點,那實在太辛苦了。
況且再美麗的外表也會老去(綺綺插嘴:但還是要記得保養)、才華再洋溢也可能會遇到低潮。
如果對方不是真的打從心底喜歡你,總有一天,好感還是會隨著這些衰退的東西而消失。

還是做回自己吧。

化最適合你的妝、挑你最喜歡的穿搭、做你最喜歡的事、説你最
想説的話。

維持好自己最獨特的地方。

不要怕自己不夠優秀，不要怕別人看不見你的好。

他在你最自然的情況下喜歡上你，才是真正的喜歡呀。

不要刻意變成誰，
我喜歡的
　就是你最自然，最原始的模樣。

不再比較幸福

························

人是激不得的，有一種可能是被激怒了以後奮發向上，
另一種可能，是像我這樣消極的女子，直接自暴自棄。

很多人在小時候最討厭被拿來和兄弟姊妹比較，有時被比較的對
象甚至是隔壁鄰居。誰很乖巧、誰考上了哪間學校、誰在做什麼
工作、誰年收入多少。
「關我什麼事呢？」小時候經常在心裡嘀咕這句話：「不然讓他
來當我們家小孩吧。」
（希望在將來為人父母的各位，不要強迫自己的孩子跟誰一樣，
因為那並不能幫助他變得更好。）

不過，也不能怪那些大人，因為當我們長大以後，潛意識裡也成
為了那種愛比較的大人。
儘管不曾說出口，但多少還是在心裡有過這樣的念頭，對他有過
這樣的不滿：

為什麼人家這個週末出去玩，他卻還躺在床上賴床，

為什麼人家在情人節收到一大束鮮花，他卻說：「那束花可以買一杯冰淇淋，你只能選一個。」

為什麼人家一生氣，另一半馬上安撫，他卻轉身就呼呼大睡……

站在綺綺的立場，應該也曾有過這樣的感嘆：

為什麼人家那麼有口福，一下班就有滿桌的菜，我這對廚藝一竅不通的人，只會問他今晚要吃什麼。

人家總有人幫他打理家務，我連自己的襪子都還要問他放到哪裡去了。

人家溫柔體貼脾氣好，我卻像隻母老虎般凶猛，脾氣差愛抓狂……

像我們這樣的平凡人，內心總是充滿著羨慕嫉妒恨，不過一旦太針對對方，一不小心便容易給對方壓力或是挫折感，像我本身就是很容易一蹶不振的人，所以因為同理心，即使他不夠浪漫和體貼，我也不會要求他成為那樣的人。

我曾經想過，如果綺綺對我說：「某某某好會做菜，好羨慕，為什麼你都不會呢？」

我一定會對他說：「你要換女朋友了嗎？可以換個會做菜的喔。」

從此以後，我更不可能踏進廚房一步，這算是一種賭氣吧。

在這世界上，有誰是十全十美的呢？

綺綺是個非常怕毛毛蟲和蜘蛛的人，想當然如果家裡出現了這樣的生物，勢必是要我出馬解決。他的方向感很差，說要帶我去玩，卻常常走到死路或是不知名的地方，要是我才剛和他交往的話，真覺得自己隔天會上社會頭條。他很喜歡把用過的東西隨手放在地上，幫他收拾好還要被說我龜毛。除此之外，他還很喜歡講大道理，儘管我常常理智快斷線，他還是不懂得適可而止。

很可能在路上隨便抓一個路人都不怕蜘蛛和毛毛蟲，也不會在去過十次以上的地方迷路。
但我還是選擇了他，而且我不會拿人體 GPS 或不怕昆蟲的人跟他比較，說他不夠好。
因為他就是那個獨一無二的他，即使他總是要求我幫他開瓶蓋。

當我擁有他的這些缺點，同時也擁有了他的優點。
像是他有不錯的廚藝，經常讓我大飽口福。他有極好的脾氣和耐心，總是在適當的時機緩和我的情緒。他做事很細心，經常注意

到我忽略的問題。

在一起這些年，我也會對他有所不滿（當然他也是），但我一直避免拿他的缺點和別人比較，因為我知道同時擁有這些缺點和優點，才能造就獨一無二的他。

我們都不希望活在別人的期望裡，而另一半當然也不該活在我們的期望裡。不要指望他會變得和我們心目中的理想範本一樣，他只會像我們小時候討厭隔壁鄰居那樣，不會因為你一句比較的話，就變得像隔壁鄰居一樣乖巧，或是像他考上某間好學校（依舊充滿怨念）。

生活中的種種也是一樣，羨慕別人老是出國旅行，但或許對我們來說，外縣市的小小輕旅行就是幸福。羨慕別人在情人節收到一

大束鮮花，但或許對我們來說，一張簡單的手寫卡片或是一頓晚餐就是幸福。羨慕別人有著浮誇排場的驚喜，但或許他省吃儉用才買下來送給你的平價小飾品，就是最珍貴的禮物。

試著仔細去感受生活中的每個感動，別因為比較而忽視那些最真實的幸福。

現實生活中的他,只會讓我翻無數個白眼。

共同分擔所有的生活瑣事，就像那句老話說的：

「一人一半，感情才不會散。」

同甘共苦

今年收到一位女孩傳來的訊息，她沒有介紹太多自己的事，不過訊息的開頭就說她的感情出了問題。

在對話中，女孩洋洋灑灑幾百字細數著他們的感情遇到哪些瓶頸，大致是男友家庭發生劇變，原本承諾她的事情瞬間都無法兌現了。她說，自己正值愛玩的年紀，雖然為男友的遭遇感到難過，但同時也因男友的失約而感到失望。

甚至開始萌生想離開男友的念頭。她自認愛對方，但又覺得世上不止他一個對象，想要另外找個能夠陪她一起到處玩樂的人，而不是看著臉書的朋友們放閃玩樂，自己卻要因男友陷入困境，跟著承受這一切。

看完訊息以後，我沉默了一陣子，把手機遞給綺綺，他看完訊息後也沉默了。我們都沒有說話，但我知道我們都想著同一件事。

我和綺綺在一起的這些年，也共同經歷了許多難題。

剛認識他的時候，我還只是個大學四年級的學生，對畢業後的規畫十分迷惘，從打工到正式進入職場，生活圈的各種轉換，都需要好一番功夫去適應。

過了不久，我和綺綺又一起面臨失業的沮喪，找工作的空窗期是十分折磨人的，看似遊手好閒，但心理壓力比有工作時還要大。有好長一段時間，我們都在人力銀行上漫無目的地逛著，到處為自己和對方找工作，互相交換著每天搜集的資訊，討論哪樣工作比較適合對方，並安撫彼此的情緒。

後來，因為工作地點改變，我們忽然就結束了早已習慣的同居生活，分隔兩地。而我們也一直很努力地去適應這突如其來的轉變。

在這期間，我經歷了家庭許多變化和棘手的問題，導致情緒不穩定，經常崩潰，沒有他在身邊，也特別容易感到無助。唯一能做的就是每天鎮定地處理完那些瑣事，然後打電話和他哭訴。在遇到問題時，我們仍然是彼此抒發情緒的管道。

有時候，我也會埋怨為什麼我們必須經歷這些，為什麼不能快快樂樂、無憂無慮地生活在一起，但對這些我們一同經歷過的事

找到一個能夠陪我到處玩，
享受美好時光的人，並不困難。

情，我也同樣感謝。沒有一起經歷過重大的轉變，我不知道未來
在面對更多問題時，我們能不能夠一同克服，也不會知道自己在
對方心中有多麼重要。

女孩說：「我好羨慕那些在臉書上放閃的情侶，穩定而且幸福。」
你怎麼知道他們是不是經歷了哪些困難，才一起走到現在呢？
很多人都只看得到我們開心歡樂的樣子，但那些生活的現實面，
我們也同樣經歷著。

如果「不想和他一起承擔痛苦，只想找個能夠一起玩樂的人。」
還是單身一輩子吧。

談戀愛不只是幸福加倍，痛苦也是加倍，因為對方遇到的困難，
我們也要一起承擔。

「妳並不愛他，妳只愛自己。」當時很想這樣回覆她，但我沒有
回覆任何一句話。

因為有些事必須親自體會才會明白，

很少有人一生順遂，困難和挫折都是讓彼此成長、關係更加緊密
的機會。

拍
拍

但能夠陪伴我度過難關、克服一切障礙的人，
才是最珍貴的啊。

參與彼此最喜歡的事

······························

我很感謝他總是很重視任何我想去的地方，即便冒著生命危險。
他說我在每一次的旅行都逼死他了，他真的很怕高。

我最喜歡看夜景，但每次到達目的地前的路程，都足以把極度懼
高的他折磨個半死。
去年到韓國首爾旅行，我安排到南山上的首爾塔看夜景，約莫五
分鐘的纜車車程讓他緊閉雙眼，和他說話都不願搭理，只顧著
問：「到了嗎？到了嗎？」

去年年底，我們到台北簽書順便玩個幾天，又安排了夜景的行
程──貓空纜車。
沒想到貓纜的車程比我們想像中還要遙遠，這次連我都有點害
怕，因為車廂裡還有個搗蛋的小屁孩，三不五時晃動著車廂，真
想拿繩子把他綁好在座位上。轉頭看著綺綺，他依舊緊閉著雙

眼、身體挺直坐好、緊握著扶手,那模樣很適合拍成纜車安全注意事項的範本。

這些都是小事。
今年年中的日本大阪行,是我有史以來遇到最驚恐的看夜景行程。

這次他主動提出要到梅田看夜景,我有點感動,因為我知道這完全是為了我。那天下著毛毛雨,我們迷著路 (大阪梅田是傳說中的立體迷宮,光是要走出來就費了好大一番功夫),邊走邊笑地來到一棟高大的建築物前 (Umeda Sky Building),綺綺瞬間腿軟,但看到我閃爍著期待的眼神,還是咬著牙一起和我走進了電梯。

我問他會怕嗎?
「還好。」他環顧四周,「這種在室內的空間,不用直接看到外面的景色是還好……」
「有一種電梯是全透明的耶〜」我看著他說:「說不定等等就變透明了。」
話才說完,不到幾秒鐘時間,原本擋住電梯的建築物瞬間消失了,整部電梯變成透明的向上攀升。

透明電梯

空中手扶梯

Sky Building 的高度和途中的景色真的很令人驚恐，包括透明的電梯和手扶梯，因為當時天色還很亮，隔著透明玻璃，景色全都在腳下，一覽無遺，連我都有一種此生就要結束在這景點的感覺。每次看到他嚇個半死，還是願意陪我到世界各地看夜景，就覺得很抱歉，同時也對他很感激（笑）。

在覺得無聊的時候...

試著加入你，一切會很不一樣吧！

雖然我對廚藝十分不在行，但今年到日本旅行，我仍然毫不考慮地安排了黑門市場及道具街（以販賣廚具、餐具為主的街道），為了綺綺，那個喜歡做菜的傢伙。

一踏進市場，我就到處尋找吃的東西，烤糰子、生魚片、壽司……在日本天天大魚大肉，飲食也偏鹹，而他手刀來到一攤賣水果的老伯伯前，挑著草莓、水蜜桃，買了一袋水果準備帶回飯店，希望可以均衡一下飲食，完全家庭主婦來著。（我手裡還拿著烤糰子。）

我跟著他在市場從頭走到尾，他在每一個有興趣的攤位駐足，包括茶葉、咖啡豆、生鮮超市等等，有時等他真等得有點不耐煩，因為我對這些市場裡的東西幾乎提不起興趣。

但又想到：「要不是和他在一起，估計每餐都要餓肚子了吧。」這讓處理工作事務很起勁，但對生活方面一竅不通的我，瞬間又覺得自己十分幸運。

凡事都有一體兩面，我想互補的代價，大概就是必須接納彼此不同的興趣了。

Part 2

1+1 > 2
圈圈以外的世界

從陰沉到開朗

每次我帶著綺綺參加朋友的聚會，朋友就會跟綺綺打小報告，說我以前有多陰沉，多可怕，多難與人親近和相處，雖然我知道他們說的是真話，但還是想拿捲封箱膠帶把我那幾個朋友的嘴巴都給黏住。我不知道是不是每個人的一生都會有幾個損友，但我真的覺得他們很重要，當別人一股腦捧你的時候，全世界只有他們會對你說真話。

以前的我有一點點古怪、冷漠和孤僻，留著一頭黑色直長髮，戴著一副眼鏡，臉上很少有表情。我不太搭理人，不太好相處，有點像背後靈，大學時甚至還有好幾個同學沒和我說過話。我討厭在眾人面前說話和大笑，不能隨心所欲地做自己。最討厭的事情是分組，還有團體報告，因為很多事情我喜歡自己一個人完成。

我很感激成長過程中的每一位朋友，我不太會和一般的女生一樣，對朋友說「愛你」和「想你」，也不太會和朋友摟摟抱抱，雖然她們還是很愛這樣對我，但我也都只會笑笑帶過，我總是把我的女生朋友當男生朋友看待。綺綺說，我總是習慣與人保持距離。我也不知道為什麼。但這些年，我變得更常和朋友聊天，一起吃飯，一起回顧過去做過多麼荒唐的蠢事，一起做出各種詭異的鬼臉拍照留念。

幸好在你面前,我不必刻意維持形象。

綺綺也和我的朋友一樣，接受我的古怪，但他和朋友不一樣的地方，在於他把我從怪人轉變為更好相處的人，我想這也是為了他自己，畢竟和我相處最多時間的就是他了。他給了我許多建議，希望我的人生中能夠多點色彩，無論是心情、想法，甚至是生活中的一切。

認識綺綺是我人生中很大的一個轉變，他成了我生活中的開心果，應該説，我們成了彼此的開心果。我們經常逗對方開心、鬧著對方玩，有時聊到有趣的事情，還會笑得東倒西歪。在他面前，我沒有任何形象或包袱，更不需要故作鎮定或堅強。

以前討厭被陌生人注視的感覺，很害怕引人側目，所以總是格外小心自己的舉止。但現在竟然可以偶爾把包袱丟了，因為他老是慫恿我做些我覺得很難為情的事，像是跟奇怪的人偶公仔合照。

「你去跟它合照。」綺綺揮著手示意我站過去。
「可是這裡很多人在看。」我為難地説。
「沒有人在看你。」一手拿著相機，一手持續揮著：「快去。」
我尷尬地站到公仔旁邊。
「你要跟他做一樣的動作啊～」綺綺看著鏡頭。

我竟然能夠不顧旁人，在遊樂園大門旁做了跟公仔一樣的蠢動
作。

那是我人生中一大創舉。

當時我問他：「為什麼你老是敢這樣不顧旁人的眼光，做自己想
做的事？」他說：「只要沒有影響到別人，幾乎不太會有人去注
意我們在做什麼，就算有，也不會有人記得。但我們以後再次回
顧這些有趣的相片時，卻可以勾起當時的回憶，想起當下的心
情。」
後來，我甚至會主動請綺綺幫我拍照，看著相片中在鏡頭前開心
大笑的我們，好像也漸漸能體會他所說的話了。

繞了一圈還是做回畫家

我從年紀很小的時候就很喜歡畫畫了,也很明確地知道自己的興趣。除了和很多同學一樣喜歡改造課本上的插畫以外(像是幫短髮的人物加上長辮子,幫穿褲子人物換上裙子),我更喜歡在課本的空白處畫上簡單的塗鴉。我從小就沉默寡言,除了班導師以外,幾乎沒有一位科任老師記得我,唯一叫得出我的名字的,就是美術老師。

大概國小三四年級的時候,美術老師推薦我參加各式各樣的繪圖比賽,得到了佳作、得到了名次、得到了無數次上台領獎的機會,比起因全班第一名上台領獎,因繪圖比賽而上台領獎,更讓我感到驕傲。每天的午休時間,我都會抱著圖畫紙到美術教室找老師報到。

還會跟同學炫耀:「欸,我今天又不用睡午覺了!」

將那些獎狀和獎品帶回家後，我迫不及待地和家人們分享我的喜悅，我看得出來他們很為我感到開心，也覺得能夠上台領獎是一件很值得驕傲的事，但我也看得出來他們並沒有很放在心上，比起我因為考了全班第一名時，那種為我感到光榮的感覺有著很大的差別。不過，我還是會自己把獎狀貼到牆上，還是會為自己感到驕傲。我永遠記得我第一次得獎時，獎品是一台超大的計算機，底下可以放紙條本，旁邊還可以插筆。我把那台對我來說十分珍貴的計算機送給了我最愛的外公（在我作品裡經常提到的爺爺，其實就是我的外公，但我們從小都習慣叫爺爺），那是我第一次因為自己最喜歡的事——畫圖，得到的獎勵，並且有能力送給我最愛的人一份禮物。

但當我再長大了一些，我才明白我的家人和許多家庭一樣，並不認為畫圖是一個很好的出路。而我本身也不是個很勇敢、很有想法的人，因此我只把畫圖單純當成是自己的興趣，沒想過要往這條路發展。前面說過，我是個奴性很重的人，許多事都會以大局為重，我會在乎很多人的想法和對我的看法，卻很少在乎自己的感受。

雖然沒有朝美術的方面精進，但上了國中，還是被班上同學推選

為「學藝股長」，那是一個要每天寫教室日誌、忙於教室佈置、每個月還有主題海報比賽的職位。每個月我都會抱著一堆海報紙、美工筆、美工紙回家趕工。「還在忙這些啊？」家人總是不解地看著我的房間地板，一邊看著各種顏色的美術紙和工具，一邊碎唸著：「功課要記得寫喔。」

國中畢業後，我在家人的預期下考上了普通高中，每天持續被學業和考試逼著跑，因此能夠畫圖和接觸美術的機會變得更少了。而在高中畢業之際，大家都在翻著大學簡章，討論著自己適合哪間學校和科系。我則是翻著術科考試簡章，評估自己還有沒有追求夢想的可能。但在詳讀術科簡章後，一切的幻想也隨之破滅，那些專業考科、繪圖技巧、專有名詞我全都不懂，更別說參加術科考試了。

我很羨慕班上少數要報考術科的同學，雖然我們讀的是普通高中，但他們還是有持續培養自己的興趣和專長。我的印象很深刻，某次教室佈置的主題為「兩性平等」，當時班上的學藝股長竟然用她精湛的手藝雕了一對超精緻的龍和鳳，是龍和鳳耶！完全讓人自嘆不如。

後來，我和其他同學一起上了大學。我讀著自己不知道到底想不

從不爭取自己想要的，
不拒絕自己不想做的…

為了符合大家的期望勉強自己，
你會很辛苦的…

嗯…

想讀的科系，做著自己不知道有沒有興趣的工作，準備著家人希望我參加的考試⋯⋯很想換份工作，卻又不知自己適合做什麼。

直到認識了綺綺。

一開始，他還是尊重我準備考試的想法，不打擾我讀書，甚至還陪我去考試。說到陪考，現在想起來還是很感動，綺綺是個超級稱職的陪考員，考試當天他起了個大早，載我到考場、陪我吃早餐。我進考場後，他找個地方坐下來滑手機、看書，中午幫我買好午餐等我，下午再繼續呆坐著，一直等到我考完試，再帶我回家，就這樣陪我耗了整整一天的時間。這對從來不曾有人特地陪考的我來說，特別感動。

在考完試走出考場的當下，其實我知道自己錄取的機率不大，但也沒有太失望的感覺，甚至不太知道自己究竟為了什麼而考。放榜以後，結果在我們預料之內，落榜了。

而綺綺卻萌生了鼓勵我繼續朝夢想前進的念頭。

在大學畢業和考試結束後，奔波於學業和工作之間的忙碌生活終

於告一段落。生活只剩下了工作，於是我終於又有時間提筆畫圖，畫的是我們的同居故事。

我隨時要記下我們生活中發生的趣事，再微小、再平淡的事情，可能是逛街逛到一半、吃飯吃到一半，我們之間的喜怒哀樂，我都會用圖文把它記錄下來。因為綺綺太煩，經常說話惹我生氣，我以為全世界只有我的另一半可以如此白目，所以常把它畫出來在網路上分享。但沒想到可以引起其他人的共鳴，而且這些人也成為了我的讀者，他們說，我的作品很貼近他們的生活，因為他們的另一半也和綺綺一樣喜歡惹他們發火，而他們也在我的筆下，看到了自己的影子。

在我開始創作圖文的初期，Facebook 當紅，我在我的個人頁面張貼我們的手繪圖文，身邊的朋友、朋友的朋友，都在收看我的圖文。綺綺看我畫得很開心，順勢鼓勵我開了粉絲專頁，專門用來經營自己的作品。
「會畫圖的人那麼多，我什麼都不會。」我百般抗拒，「就只會這些小塗鴉，哪有資格成立什麼粉絲專頁？」
「你就像往常那樣畫就好了，放輕鬆。」他忽視我這些碎念和自卑感，堅決地幫我創立了專頁。

一切就從「Aida ＆ 綺綺」這個粉絲團開始。

我用著生疏的筆觸、硬著頭皮在專頁上作畫，幸好朋友都很捧
場，讓粉絲頁剛開張的我不會太孤單。持續畫著畫著，我發現觀
看的人數有逐漸增加的趨勢，綺綺看我對自己的作品十分沒自
信，便鼓勵我買下人生第一塊數位繪圖板，也幫我找了很多教學
文章。

剛開始我十分排斥使用繪圖板，在我一次又一次地失敗、綺綺
一次又一次地鼓勵，我才終於對繪圖板上手。我最喜歡和他分

享剛完成的每一件作品，總是興高采烈地捧著電腦給他看：「我剛畫好的！！！」他也總是立刻放下手邊的工作，不厭其煩地欣賞和聆聽，給我鼓勵和建議。我很喜歡我們從我的作品中想起以前一起經歷過的許多事，無論喜怒哀樂，每一刻都在我的作品中定格，對我們來說都十分珍貴。

後來，累積越來越多的讀者，我越來越有畫圖的動力，但伴隨而來的是更大的壓力。我奔波於正職工作和繪圖之間，無法全心全意創作，也推掉許多案子的邀約。就這樣過了一年又一年，綺綺不忍我的身體因忙碌及壓力而出狀況，於是很認真地對我說：「你還是辭掉工作，專心畫畫吧！」

這對我來說，是一件非常重大的抉擇。

我是個很害怕嘗試或任何賭注的人，我討厭生活中有任何的風險，討厭一切不在自己的掌控之內。而且最讓我害怕的是，我無法確定辭掉工作以後，光靠畫圖的收入，是否能夠穩定的維持生活開銷。

經過多次溝通和討論後，我接受了綺綺的建議，離開了原本的工作。

我開始接各式案子的合作、開始計劃出作品集以及結合許多周邊商品。直到現在還是覺得很不可思議，自己竟然能有興趣與工作結合的一天。因為這件我一直以來最渴望的事，早在我上了普通高中的那一刻起，我就知道自己已經和夢想背道而馳。

現在的我，坐在電腦前敲打著鍵盤、繪製圖文，偶爾還會想起綺綺鼓勵我的那段時間。如果沒有認識他，我可能還在做一份我完全沒有興趣、只為了填飽肚子的工作，還在羨慕那些可以自由創作、勇敢追夢的人，還在圖書館裡埋頭讀書，朝家人的理想走。

今年，我和好幾年沒有聯絡的小學同學約了敘舊。當我們聊到了

我的工作時，她忽然提起：「我記得你以前畢業紀念冊寫的夢想就是當畫家耶，好酷喔。」我忽然被這句話勾起了國小時的回憶，那個抱著畫具跑到美術教室的我、上台領獎的我，頓時有一種奇妙的感覺，我很感激綺綺，很感激支持我的朋友（包括讀者），很感激現在擁有的一切，很感激自己繞了一大圈，終究還是回到了最初想做的事。

能做想做的事、走想走的路，是何等的幸福。
謝謝你呀！
在我的人生職涯中，狠狠地推了我一把。

孤僻女子的分食體驗

··

有些人喜歡在聚餐時，拿著筷子在其他人的碗裡夾來夾去，你吃一點我的、我吃一點你的，這對我來說實在很痛苦。

「你要不要吃吃看我點的？」
「不要。」很熟的朋友，我通常都會直接回絕。

一來是我有怪僻，不喜歡吃到別人的口水（很自然地也不希望別人吃到我的口水），
二來是我今天點了飯就是想吃飯，為什麼你要吃我的飯、然後再分你的麵給我呢？（吶喊）

我沒有辦法理解一次吃那麼多種口味要幹嘛？點了奶油義大利麵，我就只想好好品嘗奶油義大利麵，什麼紅醬青醬其他口味我真的都不想試。從以前到現在，我總是以飛快的速度默默吃光自

己的餐點，深怕同桌友人又拿著刀叉伸向我的盤子。

在剛認識綺綺時，壓根沒想到他也是個瘋狂愛交換食物的人，因此我常被逼迫著要交換食物，雖然偶爾能意外嘗到不一樣的美食，但我還是無法理解，天殺的他連吃麥當勞都要跟我交換咬一口漢堡，究竟是為何呢？

他總是忍不住跟我說：「每次你的餐點來了，我都要很迅速地先吃一口看看，如果我動作稍微慢一點，你的碗就空了。」

與另一半分享美食這件事，我真的學習了非常久。因為我的目標只會鎖定自己的碗，而且吃飯的速度非常快，很適合當兵，絕對不會餓到。常常意識到他渴望的眼神時，我的碗就已經先被自己扒空了。

「啊…」我抬頭看了他：「我不小心吃光了……」

直到後來一起去旅行，才真真切切體驗到有人能夠分享食物真是件幸福的事。

因為我並沒有胃口能夠同時吃下那麼多美食，像是我想要同時吃蘇打口味和抹茶口味的冰，或是同時想吃奶油義大利麵和腿排披薩。特別是逛夜市的時候，以前從來沒有人會接過我吃了一半的食物，再讓我去挑選其他想吃的東西。也沒有人會在我叉起一塊鹹酥雞準備送進嘴裡前，把我的手抓過去，一口把食物吃掉。

我到很後來才知道，他並非單純想吃我盤子裡的食物這麼簡單而已，而是他希望生活中所有的一切（儘管小到只是一碗肉燥飯），都能夠和我一同分享。

咖啡曲奇

每個人一生當中應該都會有一項罩門，對我而言，我的罩門就是一切和廚藝相關的事。

在認識綺綺以前，我幾乎沒下廚做過東西，對廚藝也完全不感興趣，會讓我踏進廚房的事，大概只有倒開水和洗碗盤。能夠烹飪食物的那幾個區域，對我來說就是神秘的禁地，儘管肚子餓到不行，還是寧可從冰箱拿出冷冰冰的麵包吞下肚，也不願意動用任何廚具加熱來吃。我不記得以前是否有什麼原因讓我對廚房產生陰影，但我始終對踏入廚房和使用廚具感到恐懼。

後來認識了綺綺，我還是不改不下廚的個性。其中一個原因是他本身廚藝就很好了，幾乎輪不到我動手，並且烹飪也是他的興趣之一。還記得有一次我隨口說說想喝白蘿蔔燉排骨湯，某天下班回到家，就看到他煮好一鍋在等我。另一個原因是我知道自己是黑暗料理界的傳人，只要站在廚房就會搞砸一切，連打顆蛋都能把蛋殼拌進碗裡。

上不了廳堂，也下不了廚房。一切都謝謝你的包容。

「你好像天生就不適合站在廚房裡。」連他都這麼說。

記得某次逛家具行，我被廚房的裝潢吸引，便走進樣品屋想看個仔細。

「你在站在廚房裡好突兀。」綺綺的聲音從後面傳來。

「什麼啊……」我手上握著鍋具，站在流理臺前瞪著他。

「你完全不適合站在廚房裡。」綺綺笑著說：「超奇怪的。」

在很久以前，我曾經到圖書館借了一些料理食譜回家研究，但隔沒幾週，便拿書即將逾期這件事當藉口，原封不動地把書給還了。我也曾經下載過食譜的手機 App，但似乎從來沒點開過。這些事我從來沒和綺綺提過，因為我怕他會開始對我的廚藝燃起希望，而我總是對沒有嘗試過的事情感到特別的恐懼。

我有一位大學時期的朋友，她說在書中可以稱她阿薇。阿薇的家有各式各樣的烹飪器具、材料、烤模，她的專長之一是烹飪，我經常吃到她親手做的甜點，像是藍莓乳酪條、各種口味的曲奇餅乾，後來誇張一點，還出現了堅果麵包，我看得出來做這些事讓她很開心。雖然和她認識了好幾年，但我每天只期待著可以吃到她做的點心，從沒認真想過和她學習，完全就是個 100% 好吃

懶做的吃貨。不過，我也同樣羨慕著她的手藝，總覺得在她身邊的人很幸福。

或許是這個念頭，讓我想要突破自己。我明白在感情中，看到值得羨慕或學習的地方，應該是要求自己去達成，而不是要求對方。

某一次的情人節前夕，我和阿薇約了時間到她家，請她教我做乳酪蛋糕當做送給綺綺情人節禮物的驚喜。我跟著她找食材、模具，才發現採購也是一件十分勞累的事（完全就是懶吧），但同時也認識許多器具和材料的名稱和用途，也學習到如果有哪些東西是不容易買到的，可以用哪些方法來替代。

那天下午在阿薇家烤乳酪蛋糕，我真心覺得，每一個人在做任何自己喜歡的事情的時候，那種投入和專注的感覺很迷人，難怪總是有人說認真的女人最美麗（當然男人也是）。如果在另一半面前專心地為他做一份甜點，想必無論成果如何，光是看你在製作的過程，就是一種視覺的饗宴。

阿薇在閒暇之餘還做了肉桂麵包，要我帶回去和綺綺一起吃。

「好啊～～～」我笑著接過來：「他一定很開心。」

開心個頭。

我完全不了解他，他壓根不敢吃肉桂，當時我知道我還得花上好一段時間，才能了解他所有喜歡吃的和拒吃的東西，但在那之前，我可能會先惹火他很多次。

自從上了乳酪蛋糕的一課，我終於擺脫黑暗料理界的封號，鼓起勇氣做東西給他吃。（哪有擺脫呢？上次的乳酪蛋糕明明是和朋友一起做的。）

第一次烤了曲奇餅乾，焦黑到連我自己都不忍心多看一眼。

「我烤了曲奇餅乾……」我支支吾吾地說。

「真的嗎？烤給我的嗎？」綺綺眼睛發光，「我要吃。」

「可是有點烤焦了。」

「真的是有點焦。」

「咖啡色是因為我做的是咖啡口味。」我說。

「這樣啊……」綺綺收下來，「沒關係，我會吃光它的。」

過了幾天，綺綺在 Facebook 上張貼了一張相片，是我上次做的咖啡曲奇餅乾，相片搭配了一句文字描述：

「豬仔做的餅乾很好吃，但要配很多很多茶。」

我笑翻。

而且從相片中，我看出他特地把焦黑的餅乾藏在最下面，十分貼心，還記得為我留面子。

我接二連三地又做了許多點心給他吃，像是杏仁瓦片，那一次我一不小心做得太甜，但他沒有抱怨。後來也做了輕乳酪和重乳酪蛋糕，讓他吃到很膩，因為乳酪一次就得買一大塊，只好一直做，但每一次他都還是會吃光。

感動之餘，我向他承諾，以後有了自己的廚房，我會努力學做菜、勤下廚，甚至中午幫他送便當，當個賢內助，至少別讓我們的廚房看起來像個樣品屋。我沒想到這輩子竟然會鼓起勇氣踏入自己的罩門，只能說，喜歡一個人真的能夠給自己很大的動力向前（當然，還需要一些很優秀的朋友）。

無論是哪個方向，你知道自己一直不斷地在向前，而不是站在原地。

圈圈以外的世界

謝謝你陪著我一起成長。

兩個人的世界一點也不擁擠，反而比一個人的世界還要廣闊。

大概在我國小的時候，特別羨慕同學的洗筆水袋能伸縮收納，欣羨誰買了最新的文具組，誰有漂亮的活頁筆記本，誰的鉛筆盒裡有好多顏色的筆，誰昨天在補習班又發生了有趣的事，誰寒暑假又到哪裡玩，甚至出國。但因為家庭因素，且當時網路尚未發達，家中又是排行老大，沒有哥哥姊姊帶，種種因素導致我接收新資訊、新體驗的速度比班上同學慢了很多。

我的視野很狹窄，再加上自己沒有什麼求知慾，一直到國中、

高中、大學，每個階段都是如此。我很習慣活在自己的世界裡，有熟悉的朋友和環境，有自己喜歡做的事，覺得圈圈以外的世界好像都與我無關。

綺綺的個性完全和我相反，他很喜歡接收新知，也很喜歡和我分享他所知道的事。我逐漸受他的影響，我們很習慣在每一天把自己得到的新資訊和對方分享。有時候，一整天下來有太多事情想和他說，還會特地寫下來，等他下班後再一一念給他聽，我們深怕對方錯過任何自己的消息，或任何值得分享的小事。

那些所謂的新資訊，不一定是很嚴肅的，也不一定很具教育性質。很可能是最近一則較少人關注的新聞、一部有趣的影片、一件生活小撇步、一首好聽的歌、一場熱映中的電影。

不過對長期活在自己世界裡的我來說，至少對圈圈以外的世界，開始稍感興趣了。

我一直以來都不太喜歡嘗試新事物，只要到常去的店家，總可以立刻點好我要的餐點。
像是飲料習慣點綠茶。
便當習慣點雞腿飯。

早餐習慣吃蘿蔔糕或玉米蛋餅。

飯糰一定要傳統口味！

而且同樣的東西，可以連吃好長好長一段時間。

但在認識了綺綺之後，經常被迫嘗試新事物。綺綺說，我同樣的
早餐可以連續吃好幾個禮拜，每天都吃，他覺得好不可思議。

一開始我還和綺綺爭論：「應該比較多人喜歡吃同樣的東西吧？」
他說：「比較多人喜歡嘗新吧，不然餐廳為什麼要一直研發新菜
色呢？」
他繼續說：「而且你一直吃同樣的東西，就沒機會嘗試其它或許
你會覺得更好吃的食物了。」

記得在某天早餐時間，和綺綺去一間早午餐店用餐，我隨手拿了
菜單，又準備在熟悉的選項上畫線。

綺綺說:「你又要吃一樣的?你要不要吃看看別的啊?」

我勉為其難地在蛋餅區硬是選了薯餅蛋餅,一份看似搭配在一起會激出奇怪口感的早餐。

吃了以後才知道它有多驚為天人!

從那天起,我又連續好幾個週末都吃薯餅蛋餅,就算有些店家菜單上沒有列出,也要特別向老闆確認。甚至瘋狂到差點在附近沒賣薯餅蛋餅的早餐店,建議老闆推出薯餅蛋餅。(真的是有點過火了)

如果沒認識綺綺,我可能永遠沒機會嘗試如此讓我迷戀的早餐了吧。

宅女出走
....

一直以來，我都是個極度討厭出門的人，換衣服、收拾包包、出門與人接觸、曬太陽，都讓我覺得很疲憊。身邊的朋友也總是宅女宅女地叫我，但我依然無動於衷。

我經常推掉朋友的邀約和聚餐，除了工作忙碌以外，我覺得好好打理自己，然後出門，是一件很累人的事，所以甚至有時和朋友的聚會都直接約在我家。我的朋友不多，但大多數都看過我素著臉和穿著睡衣的樣子，無論我搬家搬到哪裡，他們也總是知道我最新的地址，追我到天涯海角。就算朋友們積極地我約出來見面，大概都是一年半載才能和我見到一次面，每一次見面都想用手捅我，問我究竟到哪裡去了，但其實我哪也沒去，就只是待在家裡。

我必須說，和朋友見面、一起吃飯聊天是一件很紓壓的事。

什麼都可以是懶得出門的理由。

—— 不過沒洗頭倒是真的的Aida

我們會互相更新對方最新的狀況，向對方訴說近期的困擾。有一瞬間，好像忘了現實生活中的壓力，回到學生時期單純的時光。綺綺也發現我常常在和朋友聚會之後換了一個心情，我滔滔不絕地和他分享今天又和朋友聊了些什麼，或是吃了哪間好吃的餐廳。他總是催促我撥出一些時間主動約老朋友出來見見面，因為他覺得這是我轉換心情的方式之一。

身為宅女並不是一兩天的事。我還記得國中申請上學校後的那個暑假，因為不用到學校、也沒有事情需要外出，創下了三個月沒出門的記錄⋯⋯真不知道以前是怎麼過日子的。

一直到上了大學，時下最流行的購物中心、在網路上造成轟動的排隊小店、旅遊季、百貨公司的周年慶，依舊無法引起我的興趣，我唯一在乎的是櫃子裡的衛生用品還能讓我用幾次、糧食還能夠吃幾天，是不是又得出門補貨、車子的油箱還有多少油，我是不是又得跑到 10 分鐘車程以外的加油站加油。是的沒錯，10 分鐘。

生活了近 30 年的岡山（岡山屬於高雄市，但離高雄市區非常偏遠），如果要用一句話來形容它，絕對是「麻雀雖小，五臟俱

全」。舉凡銀行、捷運站、火車站、咖啡連鎖店、速食店、藥妝店、診所、美髮沙龍、連鎖餐飲，你能想到的幾乎都有，而且都可以在 5 ～ 10 分鐘到達，非常適合養老（才幾歲就在想這個）。綺綺都會戲稱岡山是天龍國，我也覺得我之所以成為資深宅女，有一半的原因是被家鄉給「寵壞」了。

但這些年就算不想離開家鄉也沒辦法，因為綺綺住的地方離我家很遠。所以在認識他以後，我在高雄市區闖蕩的機會變得很多。在市區，我們要到目的地通常需要 20 分鐘以上的車程，雖然我非常不習慣，但這是我跨出家門的第一步。我變得很喜歡到書局閒晃，也喜歡為了吃某間熱門餐廳多搭好幾站捷運，閒來無事的時候，還會到附近咖啡店寫稿和想事情。

我還是喜歡在家當個稱職的沙發馬鈴薯，但同時也愛上了外出時跟著環境轉換的心情。

沙發馬鈴薯的勵志故事並沒有到這裡就結束，和他在一起的這段時間，我還明白了旅行的意義。

綺：「你不是說你是宅女嗎？」

每一坨沙發馬鈴薯，
都需要一個能帶他出門曬曬太陽
呼吸新鮮空氣的人。

我：「對啊。」

綺：「那現在怎麼一天到晚吵著要出去玩？」

我：「因為跟你在一起後才發現原來外面這麼好玩……」

這句話脫口而出的同時，我覺得自己有點像長期生活在古墓裡的人。

除了好玩和放鬆心情，旅行更珍貴的是在途中遇見美好的體驗，還有意想不到的人事物。

像是我們在花東旅行泡溫泉時，才知道我們能忍受的溫泉溫度是煮不熟蛋的，還要跑到路邊的煮蛋區才能將蛋煮熟，如果我們用這種溫度泡湯，可能會燙得皮開肉綻。

到韓國旅行，我們吃了網路上推薦的餐廳，結帳時老闆娘遞了一盒海苔給我，用著濃濃的韓國腔說：「Gift！」後來上網查了一下，才發現這並不是他們的慣例，是我們意外的收穫。

而今年到日本旅行，在神社參拜後，我和綺綺到旁邊的街道拍照，有位日本老奶奶向我們走來，雖然語言不通，還是比手畫腳、面帶笑容地帶我們回到神社教我們正確的參拜方式。

除了以上意外的體驗和收穫，我們還能在旅行中發現許多名氣不如排隊美食的小店，其實可以吃到同樣美味且平價的美食。也可以在迷路的時候，意外發現比旅遊書中介紹更近的路線或更美的地方。這些我們都沒有辦法在網路和旅遊書中翻到，因為這些都是靠我們親自走出來的美好回憶。

每一次的旅行除了讓我們的視野更加廣闊以外，也感受到和彼此更加靠近，並讓我們學習成為更好的旅伴。

旅行時,我們喜歡安排那麼一晚:

在夜市裡、路邊攤販買幾樣當地美食,
回到旅館洗好澡、
盤著腿坐在床上,
打開綜藝節目,打開剛才買回的小吃享用。

這是一天中最放鬆的行程,
也是最值得懷念的行程之一。

Part 3

雖然我是控制狂

和你在一起就像在修身養性

「我覺得談戀愛好像在修身養性。」我一邊打著稿子，一邊脫口
而出這句話。

「你不要諷刺我喔。」他冷瞥一眼。

「和你在一起之後我脾氣收斂了好多。」我說。

他足以惹火我的事情很多，不過換個角度看，他也同樣在忍受我。

「你不要以為我都沒有在忍你喔。」綺綺說:「跟你在一起才是修身養性。」

「忍什麼?」我說。

綺綺嘆了一口氣說:「實在太多了,舉不完的例。」

我以前是個過度龜毛的人,而且如果別人的習慣和我差距太大,我就會覺得非常痛苦。

在原生家庭裡,我有自己專用的碗筷、馬克杯和其他生活用品。盛飯時,討厭飯粒被飯勺壓過黏在碗邊,不喜歡塑膠或鋁製的碗筷和廚具。喝水前,一定要很認真地檢查杯子裡有沒有髒污,還有許多大大小小的堅持,因此常被家人說,我只適合獨居。

一個人時候,我可以什麼事都只想到自己,可以很我行我素,可以很自我中心。

現在

路上車多慢慢騎啊~
我先幫你點好餐了!
在這等你喔!

我的個性還是十分急躁，綺綺如果沒配合我的步調，我就會大抓
狂。

「快、一、點。」出門前，我看著慢條斯理穿襪子的他：「我現
在一直狂飆汗。」

「不然你先牽車出去啊。」綺綺依舊慢條斯理地穿鞋子。

「好啊。」我怒把車牽出門外：「我都牽出來了你還在穿！！！」

他常說我激動的個性很像演員馬景濤，我總是用盡全身力氣在展
現我的喜怒哀樂。

他也總是笑看我每一次的暴跳如雷，

如果我沒有太過分，他甚至會覺得我的反應很有趣。

或許我們都有許多令對方恨得牙癢癢的惡習和怪癖，但試著包容對方這些「不同」，卻可以把我們之間的種種不合越磨越圓滑，也變得更懂得體諒別人。這是很好聽的說法，但事實上是，如果沒有努力地去適應彼此，調整自己的個性，很可能會把自己逼到得了高血壓。

以前的我十分沒耐心，有一次等人等了半個多小時，對方睡過頭姍姍來遲，我氣得立馬轉身走人。
但現在就算等他等了一段時間，我不但沒有生氣，反而還會擔心他是否出了狀況。

以前不喜歡貓、也有點潔癖，貓一靠近我都會讓我抓狂。

但有一次睡到半夜，歐練忽然吐了，我連忙爬起來擦拭收拾，整夜擔心貓身體不舒服。

雖然我還是很討厭他把收拾好的瓶瓶罐罐拿出來用，用完直接隨手放在地上，
討厭他出門和朋友聚餐，到了晚上 12 點甚至凌晨才回到家，
討厭他看完報紙和圖書館借來的書，直接隨手放在床上，儘管我已經提醒過他很多次了！
討厭他做了讓我生氣的事以後，還摸不著頭緒的問：「你幹嘛那麼生氣？」

但我也知道，他同樣在忍受著我和他的不同。

或許在這世界上，真的沒有百分之百契合的兩人，只有互相體諒的兩個人。
當高血壓快要發作的時候，就當作他是老天派來幫助我修身養性的人吧。

我每天都在告訴自己,不要生氣。

關於控制狂這回事

....

無論我想不想承認這件事,這都是事實:當我們擁有彼此之後,
很多事情沒辦法隨心所欲地做決定。

有些決定只是生活中的小事,小到像是需要剪什麼樣的髮型(雖
然他很討厭我問這個問題),要辦哪間銀行的信用卡,要不要接
這個案子……等等,甚至是你需不需要矯正你的牙齒。

今年年中,我下定了決心要矯正牙齒。除了身邊比較親密的人以
外,很少人知道我有暴牙和咬合不整的問題,第一是因為我的
暴牙不是天生,而是長大以後才被後方長出的四顆大智齒推歪。
第二是除了身邊親密的人以外,根本不會有人認真看我。

起初,綺綺也很反對我矯正牙齒,我大概在幾年前就有這個念
頭,卻始終被他阻止。

也因此爭執許多次。雖然他老愛對外開玩笑我是個控制狂,不許

他太晚回家、不准在外面喝酒⋯⋯等等，不過其實他控制我的程度也不遑多讓，雖然他控制的事情大多是「為了我好」，但有時還是會讓我覺得很煩躁。

「為什麼一定要矯正牙齒？」綺綺不耐煩地說：「現在這樣就很整齊了。」
我張開嘴：「整齊的暴牙也是整齊啊？」
「好好好。」
「隨便你。」
無論這個話題開啟幾百次，最終都還是以爭吵收場。

在矯正前，我們花了很多時間溝通。
經過冷靜地溝通，他才知道我想矯正不只是為了美觀，主要是因為智齒的推擠，導致牙床空間不夠，牙齒漸漸被推離原本的位置，牙齒許多地方重疊無法清潔，上顎兩顆對稱的小臼齒還因此抽掉了神經。
也因為溝通，我才知道他並不像那些對我冷嘲熱諷，覺得我多此一舉的人一樣，而是認真希望我維持原來的樣子。

有時會因此感到懊惱，為何兩人在一起總是要互相牽絆，不能隨

知道啦!!!

我只是不希望
你變得不像你了。

心所欲地做很多事？

但好好地和他溝通，並試著理解他，我才發現，或許是因為真的很在乎彼此吧。

一位朋友說，她很苦惱男友總是對她東管西管，曾經為了找工作的事情和男友爭吵了無數次。說這個工作不好、那個工作不適合她。但她男友不希望她做的工作，卻都恰好是她最喜歡、也最適合她個性的工作。

我回想起找工作的那段期間，我和綺綺也是在網路上到處搜尋工作職缺。我們向對方尋求意見，雖然不一定會言聽計從，但是可以在另一半的建議中，發現自己可能忽略的事。

「咖啡廳服務生？」綺綺說：「你這麼怕人，怎麼服務人啊。」
「說的也是……」我又貼了另一個職缺給他看。
「百貨公司客服？」綺綺說：「你脾氣這麼差，可能不到一天就離職了。」
「好像是這樣……」我說。

我們可以試著去理解對方的擔憂，但並不代表對方可以限制或控

制我們最終的選擇。

儘管對方有十足的把握能夠洞悉你，

但在這個世界上，還是只有自己能夠明白自己真正想要追求的東西。

在不對任何人造成傷害的前提下，
我們都有資格去追求、成為自己喜歡的樣子。

不需上鎖的信任感

我向來是個疑心病很重且極度沒有安全感的人,和我在一起得經常飽受折磨,因為我總是要知道他現在在哪裡?在幹嘛?有沒有在想念著我?過去的我總是患得患失,整天神經兮兮,喜歡完全掌握對方的行蹤,並從中獲得安全感,但我也失去了那段感情。我一直都明白掌握對方的一切,不代表能夠掌握對方的心,但我卻做不到給他更多的自由。

有些人批評過度地愛控制對方是對對方的不信任,也有些人說是因為太在乎。但我覺得這不能用來衡量我們在不在乎、信不信任對方,那只是每個人的個性不同。

當我發現自己有這項特質的時候,也覺得十分困擾。我很羨慕那些大方、完全給予對方自由的人,就像綺綺。我的工作十分自由,時間也很彈性,但綺綺很少對我查勤,他總是給我很大的空間。

我甚至翻閱很多文章，尋找解決的方法，想盡可能地從文章中找到原因，但沒有找到任何理由能夠說服我。我唯一能夠安慰自己的，就是天蠍座天生佔有慾比較強。(個性大方的天蠍座表示委屈)

剛和綺綺在一起的那段日子，我們彼此十分痛苦。

喜歡自由自在、不受拘束的他，經常被我突如其來的不安和佔有慾嚇得手足無措。我知道他的生活中除了我以外，還有很多人事物，但我無法確定自己在他心中的份量有多少，經常很自私地希望自己在他心中永遠要排第一名。我很在意日常中的任何小細節，但他的粗神經經常讓我覺得自己不被重視。

我們在這方面的個性很衝突，唯一能做的就是在每一次的爭吵中，讓對方知道自己在乎的是什麼。

我總是很明確地讓他知道，我要改掉這習慣，光靠我自己一個人是不夠的。我不需要再多看那些開導我的書，不需要再多聽朋友的建議，那些對我來說都沒有用，我唯一需要的是他的理解。

因此他用了一段時間、好大一番功夫，默默證明自己是個值得我相信的人。

過去的他不是個任何事情都習慣報備的人，但久而久之，這成為
了他生活中的一種習慣。

我很感激他所做的一切，尤其是對我的理解。
而我能做的就是給他同等的回饋——盡可能地不對他疑神疑鬼，
也給他該有的尊重及信任。

我剛和朋友吃完飯
到家囉~
跟你說喔！
我們今天…

有些人可能會覺得我的個性很煩，給人壓力很大，但我和綺綺在一起這些年，除了剛在一起時去查遍他的臉書以外（為了進一步瞭解他），幾乎沒有刻意偷看過他不公開的其他東西，包括他的臉書、任何通訊軟體像是 LINE、What's APP 等訊息。

我們的手機解鎖程式設有彼此的指紋，輕輕一點就可以輕鬆瀏覽對方的手機；
我們的電腦不登出臉書、不登出 Email、不登出 LINE，能夠直接借給對方使用，
但我們注重並在乎彼此的隱私，有時候還會主動幫對方登出帳戶。
其實我也會好奇他到底都和家人、朋友聊些什麼，但我始終不會去查看他的訊息或手機。

我覺得這是對彼此最基本的尊重。

要是哪天我回到房間，看見他沒經過我的同意在偷看我的手機，

一定會對他非常失望。這就有點像是信件或日記被家人偷看了的感覺，儘管你沒有在日記裡寫什麼重要的事，還是會覺得非常憤怒，那種感覺好像是對方認定你會做出什麼對不起他的事，想要查出些什麼，或覺得你是屬於他的一部分，不該擁有自己的隱私和秘密。

我也一樣，處理家務事、和朋友的對話、工作遇到的挫折，也都不一定會想讓他知道。
只要不是背著他做會對他造成傷害的事，我們都有權利為彼此留一些空間。

無論我們之間有多親密，還是要彼此尊重，因為「安全感」及「信任感」必須相輔相成。

可以從報備行蹤，
變成和你分享生活瑣事。

吼！我真的不冷！

大部分長輩的關懷實在很適合用來表達我對這件事的強烈抗拒，
我們也都曾經說過這樣的話吧：「我真的吃飽了，真的再也吃不
下了，不要再問了。」「我就說我不冷，為什麼要強迫我穿外
套。」這麼說吧，我們都曾經當過家人口中的那個「不知好歹！」
的孩子。

不過，有時也不見得是我們「不知好歹」啊！

曾經看過有些家長用錯了方式愛子女，以為付出給予小孩的就是好的，孩子該全盤接受、不可有個人意識，否則就是不孝。
例如：
以為考上公務員、上好學校就是最好的出路，不在乎孩子的興趣、真正想做的是什麼；以為吃多就是健康，沒想到營養過剩也是營養不良；以為為他花錢買東買西就是愛他，卻不知孩子只是需要多陪伴；以為為他花錢上補習班、學才藝就是讓他贏在起跑點，卻不知他的人際關係很可能輸在起跑點。

當孩子不接受這些所謂的「為你好。」，還很可能會被抱怨：「嫌太好！為什麼我全心全意地付出，你卻不懂我的用心良苦？」。

而這樣的關係，也經常在感情中浮現。

天氣特別冷或是太陽特別大的時候，我就會自動進入管家婆模式，我覺得冷，你就會冷，我覺得熱，你就會熱。

剛開始談戀愛很不成熟，以為什麼都願意為他做、處處為他設想，就能夠讓他很感動，他也必須要很感動，來表達對我的回饋。當對方沒有擺出預期的表情和反應，反而還會責怪他不重視自己的付出。當時的我沒有想過，給對方不想要的東西，其實很多餘。

剛和綺綺在一起時，我不知道我的很多想法、做法都不是他要的，但是他不知道該如何開口告訴我，因為怕我會受傷。後來我主動反問他，才知道很多事情不像我所想的那樣。

以前只要節日來臨，我就會買很多材料，花上好幾天手作浮誇的卡片，也以為砸錢買的禮物，就一定能讓他感動萬分，後來才知道，其實他想要的是沒有多餘裝飾的簡單生活，也不喜歡浪費。如果要送他禮物，他會只想要一件實用的生活用品，或者我好好地陪他吃頓飯。

以前習慣經常對他噓寒問暖、關心他在做什麼，我覺得他應該滿懷感激，但其實他還有重要的事情得處理，也需要自己的空間。以前以為放假了硬是把他拖出門逛街，是幫助他放鬆心情，但或許他偶爾想要在家裡看完一本小説，在不用早起上班的日子，睡到神智不清……

「為你好。」這句話，多半帶了點自以為是。
我曾經當過家人口中那個「不知好歹！」的孩子，卻沒想過後來的我，似乎也成為那樣自以為是的人。
我太常把自己的價值觀和感受套用到他的身上，忘了他也是一個獨立的個體。

【同場加映】
有一次剛好寒流來襲，我們約在外頭見面，綺綺只穿了一件單薄的運動外套，騎著機車出現。
當時的天氣，在我一踏出門時就知道騎車一定會非常冷，所以我上機車前故作鎮定地說：「風衣外套給你穿，後座比較不會冷，我可以躲在你後面。」他還皺著眉接過外套説：「不會冷吧。」

後來的一路上，他終於忍不住說：「真的會冷耶。」然後不停地

問我：「你會冷嗎？會不會冷？」，我心想：「廢話！！！！！
我的外套都給你穿了，我當然冷啊！一路冷到都想殺了你。」

我真是心太軟，下次再這樣，應該直接視若無睹，隨他穿著輕薄
的外套追風，自行承擔後果吧。

不平等條約
....

在經營創作的過程中，經常會有讀者在我發布的圖文下方留言標記另一半，趁機跟對方說一些話，我很喜歡觀察讀者和他們另一半的互動，覺得很可愛，也會為我帶來一些靈感或感動。除此之外，這也讓我觀察到了一件事：「有一部分情侶之間，似乎沒有真正的平等。」（管很寬）

所以那陣子，我刻意畫了雙方輪流依賴對方的圖文，想試探一下這群小兔崽子的回應。果不其然，有一些情侶像簽訂了不平等條約般地完全失衡。

舉例來說：

有一次我畫到綺綺的優點：「像是做菜好吃、生病時得到他溫柔的照顧……等等。」

有些讀者留言標記另一半：「你去學做菜，我想吃。」

得到的回覆是：「好啊，我盡力。」

但當我角色對調，畫到：「我開著車子載綺綺，讓他偶爾當乘客有可以休息的時間。」

有些讀者留言標記另一半：「你去學開車，偶爾也可以換你載我。」但得到的回覆卻是：「我還是比較喜歡讓你載耶。」

你怎麼能夠希望他和誰一樣溫柔，但卻做不到讓他也享受同等的溫柔呢？

當然還是有很貼心的讀者對另一半說：「我也會去學開車，你想休息的時候，我可以和你交換開。」這樣溫暖的回應著實比「我還是比較喜歡讓你載耶。」好多了。

無論一開始對方花了多大的心思追求，一開始多麼的佔上風，但既然兩人同意在一起，難道不是應該互相珍惜嗎？

打從一開始認識綺綺，我們雙方就一直處於很平等的狀態，在

一起這麼久，我們不曾懷疑過誰喜歡誰比較多，誰付出比較多，因為我們感覺得到，自己的付出和得到的回饋是對等的關係。

在交往前，沒有誰主動追求誰。在交往後，沒有誰刻意為誰獻殷勤。第一次見面吃飯各自分攤費用，第二次見面也是一樣，然後第三次、第四次……即使過了很多年，許多開銷我們還是輪流負擔。在節日時，我們送對方價格對等的禮物。生活上的一切雜事，我們都是共同分擔、討論，沒有誰一定要聽誰的話，沒有誰一定要包容誰，沒有哪一方特別強勢或弱勢。

有些人很習慣吃定另一半，並把對方的好都當作理所當然。但在任何關係中都是這樣，與家人、朋友之間的相處也是一樣，不應該只有一方應該永遠地付出、堅強、讓你依靠，因為總是讓你依靠、堅強的那一方，偶爾也會有脆弱的時候，最終還是會感到疲憊。

如果他總是把你照顧得無微不至，
總是為你準備好每天所需的日常用品，
總是把家裡整理、打掃得乾乾淨淨，
總是不在乎遙遠的路程，千里迢迢來找你，
或者總是騎車或開車載著你四處遊山玩水，
你吃不下或不喜歡吃的東西，他二話不說塞進自己嘴裡，
幫你拍很多張照片，還是拍得不好，然後被你狠狠地瞪著，委屈地說：「不然再一張吧。」
在你心情不好的時候逗你笑，
在你工作遇到困難的時候，把肩膀借給你靠，
在你崩潰大哭時拍拍你的背說：「有我在喔。」

當立場對調，你是不是也願意為他這麼做呢？

就算你不接受，
至少我有釋出了「我也有要幫忙喔」的好意，
想讓你知道，
我沒有將你所做的一切視為理所當然喔。

不再抱怨他的不完美

和綺綺在一起之後我有了看影集的習慣，尤其對喪屍系列特別著迷。

我在上一本作品提到了最喜歡看的一部美國影集是「The Walking Dead」，台灣翻譯為「陰屍路」，它是一部描述人類感染了病毒，死亡後會以殭屍形態復活，到處吃活人的影集。我們對這部影集十分熱衷，有趣的是，我有一部份的讀者和我們一樣為此片著迷，有任何新一季的資訊或預告片出現，他們還會貼相關連結和我分享，十分貼心。（題外話）

在這部影集中，除了敘述人心比殭屍還要可怕以外，還有幾句經典台詞和令人省思的地方。

其中讓我最有感觸的是前段的某一集，團隊成員對主角 Rick 的領導和判斷方式感到不滿，紛紛提出抱怨和責備。某一天，Rick

事情光看別人做,當然覺得很輕鬆。

的妻子 Lori 終於受不了了，失控地對他們喊：「你們都依賴他，卻還抱怨他的不完美。」她這麼一喊，成員們好像也忽然意識到了這點，一一沉默自省。

在生活中的我們似乎也是如此啊！

不下廚，卻抱怨誰煮的飯菜不夠好吃；將衣服換下來丟進洗衣籃後就一概不管，卻抱怨他晾衣服時沒有將衣服翻面、拉直；只坐在副駕或後座，卻抱怨他騎車或開車技術不夠好、老是迷路；將旅行行前準備工作置身事外，卻抱怨他行程規劃得不恰當；不一起分擔工作，卻還抱怨他做事不夠細心……

有幾次和綺綺一起到餐廳吃飯，他提議吃某間義式簡餐，我看了看食記後說好，轉頭繼續梳妝，綺綺便開始滑他的手機。等到要出門的前一刻（我們都戴好安全帽，準備要上車時），他才打開地圖仔細看餐廳路線，很多次我都想伸手打他的頭，因為常常等到汗流浹背，想說你為何不在剛才滑手機時就順便看一下路線。除此之外，還有好幾次為了找目的地而迷路， 甚至有次只需要一小時的路程，他足足騎了四小時才到，餓到胃都痛了，因為實在騎太久，途中好幾次都幻想他是要給我來個環島旅行小驚喜。

和路痴交往遇到這種情況是常有的事，當下我都會有點小抓狂，因為我是個急性子。但在一起這麼久了我也從沒因為這些事對他發脾氣，因為冷靜下來想想，這不完全是他的錯。要是我不滿意他做的話，那麼一切可以由我來，我來騎車、我來找路。

何況他也是陪我餓著肚子。

有太多吵架的原因，都是因為沒有站在對方的立場思考。也不曾想過在我們日常生活中，把多少可以「自己來的事」推給對方做，卻還要求對方要達到自己的理想標準，吵到最後，得到了對方的一句「不然你來嘛」來收場。

這些事換成是我來做，會做得比他好嗎？

有些事情當我們做過了才會明白其中的困難之處，然後充滿感激地雙手合十對對方說：「真是辛苦你這些年的照顧。」偶爾交換一下彼此的工作，體會一下對方的情緒。

在生活中許多事情應該是雙方一起努力，真正覺得差強人意的地方，也可以用建議來取代責備和抱怨，而不是把重擔丟到其中一方身上，自顧自地當起評分員。

俗話說：「做到流汗，嫌到流口水。」
抱歉，當了這樣的人，我先扣自己二十分。

不同的觀點

我們一起相處那麼久，個性相差那麼多，卻還能長時間和平共處，全都要歸功於我們的價值觀還算接近。

我們都是不太追求新鮮感的人，無論是情人還是朋友。和朋友相識都是以五年十年為起跳單位，我們都很懶得去適應新朋友，所以對老朋友特別珍惜。

我們在金錢方面的價值觀也很相近，會為了買到更便宜的優酪乳，多走幾步到更遠的生鮮超市，雖然也可能只便宜了五六元。然後再把特價或買一送一的東西順便給買了！有些人可能會覺得我們是傻子，為了幾塊錢多走那幾步路，但對我們來說很值得，而這段路上也可以讓我們有更多時間散步和聊天。

乍看之下，我們有好多相似的地方。這很難得，因為連在同一個

屋簷下長大的一家人，偶爾還是會因為生活習慣不同而起爭執。遇見他，有一種好不容易找到一個能和我共同遵守生活公約的人。

但價值觀再怎麼相近，也很難找到任何觀點和看法都一樣的人。

這讓我想起我的外公外婆，這對組合十分奇妙。外公是江蘇人，剛到台灣時不懂半句台語，還得去上台語課才能和當地人溝通。外婆是道地台灣人，出生在一個完全沒有人會說國語的小鄉村裡，整個村子的人都是用台語溝通。外公是無神論，從小就跟我說不要怕黑，不用怕鬼，鬼神是不存在於世上的，而外婆則是全心全意地為宗教奉獻，初一十五都要拜拜，每個節日都不會錯過。外公隨性、大而化之，外婆龜毛，總是忍不住鑽牛角尖。整天因為觀念的不同而鬥嘴和爭執，有時甚至吵到連飯都不吃了，但他們還是一直陪在對方身邊半個世紀以上。

雖然我和綺綺的差異性沒有那麼大，但在某些事情上還是會有歧見。

一直以來，我的觀點、思維和家人都極為相似。但後來認識了綺

你不覺得
留太多袋子了嗎?
丟掉一些吧!

碰!

等等!!!
先過我這關再說!

蒐集狂

你不懂!
送人家東西時,這些袋子可是很好用的。

--- 整年下來沒用到半=次的Aida

綺，忽然就被他打破了我一貫的思考模式！因為我和綺綺從小到大的生長環境、接觸的人事物都不同，想法當然是天差地遠。

最痛苦的是接收對方看法，融合自己的想法的過程，我們在交換意見時，有過很多次的爭吵，甚至以為我們的感情會毀在這些歧見上。

第一次一起看新聞時，我看見某個議題，隨口問了綺綺的想法。

「我不贊同啊。」他皺著眉回答。

我下巴差點掉到地上，天啊，我全家大小都認同的議題，他竟如

此不以為然。

「哪裡不好了？」我追問，然後展開了一場辯論大賽。

我們經常因為對議題的立場不同，把氣氛搞得很僵。
我曾經很羨慕想法相近的伴侶，不需要為了這些小事爭吵。

某一次和朋友聊天談到這個狀況，他們反而說：「這樣很好啊，
你們有聊不完的話題。」
「唉，我想是吵不完的架吧。」我說。

經過了一次又一次的激辯，我們的對立似乎有了更好的進展。我
開始有點相信吵架是溝通的一種方式，因為我們每天在彼此的耳
濡目染之下，漸漸能受對方的影響，甚至開始思考對方的想法是

很多時候，我們可以避免掉許多不必要的爭吵。

不是真的有他的道理。雖然我們依舊不太能接受對方的某些觀點，但回到家和家人聊天時，偶爾可以發現家人的立場，其實過於偏頗、不夠中立。

我知道自己的思考模式稍微有些改變了。

雖然在爭執辯論的當下很煩躁、不爽，想給他幾拳，但還是很謝謝他，給我的想法注入新的、不一樣的思維，能讓我看見更多以往注意不到、甚至沒想到的地方，雖然聽起來很假，但這句話是真心的。

和一個什麼想法都相似的人在一起，好處是不必整天為了意見不合而爭吵，但缺點是雙方的看法很一致，相對地會很難察覺事情的盲點。找到一個與我們想法不同的人，雖然三不五時就得開始一場辯論大賽，但隨時能夠刺激自己對事物產生新的看法，從討論中獲得更多不同的觀點，卻又能夠去接受對方的意見，互相包容、互相去思考理解對方的想法，或許也是感情中珍貴的一部分吧。

相互依賴卻又各自獨立的關係

邁入兩人生活以後，我們開始會順便幫對方分擔一些事，像是洗衣服會順便幫對方洗；到銀行刷存摺時，就順便幫對方的一起刷了。久而久之，在某些特定的事情上，我們不知不覺依賴著彼此，有時甚至會忘了當初一個人的時候，這些事情是如何一個人完成的。

在對方面前，我們經常處於一種「假性失能」的狀態，總喜歡完完全全進入懶人模式，然後在心裡盤算著：「反正我不做，也會有人幫我做吧。」

這種假性失能不知道會不會有一天變成真的。我有時候會擔心被他載久了，會不會哪天需要自己前往某個地方的時候，完全記不起來要怎麼走。也會擔心如果有急事但電腦出了問題，他無法及時幫我修的話，我就只能坐以待斃。

我不知道除了總是要我幫他開瓶蓋以外，綺綺是不是也有著同樣的困擾。

還是因為我的依賴心比較重？

以前身體再怎麼不舒服，都是自己跑醫院回診，發病的時候再難受，也沒掉過一滴眼淚。但習慣有綺綺在身邊以後，一切都變得很不一樣。他會大老遠載我到我熟悉的醫院做檢查，提醒我吃藥的時間，不舒服的時候，能靜靜靠著他的肩膀休息。

直到有一次，我和他說，我自己回醫院檢查就可以了，不用再特

自己過來吃啊！
再這麼懶、又愛吃！
小心手退化、嘴越來越大，
你知道看起來像啥嗎？

地為了陪我而請假。「那你不要哭喔。」他半開玩笑地跟我説。
我對他翻了白眼，因為我覺得這沒什麼，過去的我也都是這樣。
但當我抽完血後，獨自坐在醫院裡按著手上的止血帶，加上時間
晚了，醫院到了休息時間，周圍只剩下忙碌的醫護人員。綺綺下
班後還是趕了過來，我不知道是因為身體不舒服，還覺得很孤
單，看見他，頓時竟然有種很想哭的感覺。

我才知道過度的依賴是一件很可怕的事，因為那會讓一個人變得
更加軟弱。

還記得通訊軟體上的那張「你在幹嘛？」，是我在繪製貼圖時，第一個想到的畫面，因為那是我最常對他說的一句話。我隨時都想知道他在做什麼，也希望他能時時刻刻想起我。

其實我不喜歡這樣的自己，也知道過度的依賴會讓他感到負擔。

雖然喜歡在對方面前表現出沒他不行的樣子，但實際上，我還是希望獨自一人時也可以自己完成很多事。

我喜歡回到一個人的時候，自己一個人處理工作、整理文件、跟

客戶開會、進行訪談。

自己一個人吃自己愛的餐廳、瘋狂追劇、專心運動，

喜歡自己換電燈泡、自己開車、自己看醫生……

我喜歡事情不會因為沒有他在身邊而停擺，

喜歡生活上沒有因他的照應而停止學習。

喜歡自己能享受兩人的甜蜜時光，也能享受和自己獨處。

我想，能夠兩人在一起的時候互相依賴、分開時卻又各自獨立，

或許才是最健康的兩人關係。

在他身邊時

我都不會弄...
拜託你了...

真的！

彼此彼此啊！我也總是幫你開瓶蓋嘛！

番外篇 一起旅行

旅途中的另一片風景

我不記得過去是因為沒有人約好一起去旅行，還是
我總是推掉那些邀約，除了小時候和家人的出遊以
外，我幾乎很少參與其它的「旅行」。或許是怕麻
煩，也或許是我習慣與人保持距離，而旅行對我來
說，是一件太親密的事。

我們的第一次旅行，是在綺綺很酷地丟下一句：「我
們聖誕節去台北過好嗎？」之後開始，「好啊。」
而我竟然也爽快地答應了。有些人說，旅行需要一
點點衝動，我想我一直以來缺乏的大概就是那一點
衝動，還有與人靠近的能力。

旅行距離彼此點頭交往的那一刻，也已經有一段時
間了，我們早就看過彼此居家的模樣，但只要想到

一起外出旅行，還是有些緊張。有人說：「旅行可以看出一個人的個性。」我想這就是讓我最緊張的原因，旅行會透露一個人很多的細節，我害怕我們看見彼此不為人知的一面。

第一次的旅行是他一手策劃的，包括住宿、交通，以及所有的吃喝玩樂。我們在九份的一間民宿下榻，那裡可以俯瞰台北市夜景。我不知道自己什麼時候出賣了喜歡看夜景這件事，但很顯然他一直放在心上。還有在出發前他為我買好的早餐，遞到我手上的那一刻，都讓我驚訝眼前的這個人細心得有多麼不可思議。

在這幾次的旅行中，我認識了容易迷路的他，所以我們的行程總是安排得很鬆散，也很隨性。認識了攝影技術極差的他，所以我會自備魚眼鏡頭，即使他拍出來的相片不堪入目，至少還有我拍的能夠留念。他知道我經常忘東忘西，所以會在離開每一個地點之前，留意我是不是又遺忘了什麼。幾次旅行下來，我們變得更了解對方，並且能夠在每個問題找到對策。

旅行時，
我們會互相提醒對方該注意的小事。

好喔。

你要不要打
個電話回家
報平安？

即使是很微小、很瑣碎的事。

有～～

東西都帶了嗎？

遇到突發狀況也能互相體諒和照顧。

任何事情都有討論的空間。

隨時為他拍下值得紀念的相片。

任何機會都不放過。

旅行最重要的不是將計劃中的每個行程走完，

重要的是我們當下走過的每一個行程。

可以察覺到彼此放慢的腳步，
互相配合著對方。

即使因一言不合而吵架，也能夠很快就和好。

在旅行中，24 小時都待在同個小小的空間裡，像是
飯店房間或是擁擠的交通工具上，形影不離。我們
可以從中體會感受彼此的習慣、價值觀，生活中所
有一切的小細節，無論是好的、還是壞的，都是屬
於對方的一部份。而在明白這些以後，卻還是能夠
同樣喜歡對方，和對方好好共處，我想就是旅行最
大的收穫之一。每一次旅行之後，我們都在不斷地
進步、不斷地靠近對方，希望在彼此的心目中，能
夠是一個好伴侶抑或是一位好旅伴。

當好伴侶同時又是好旅伴，是一件多麼難能可貴的
事呢？

當我吃到好吃的美食，看見美麗的風景，不需要立
刻拍下照片和誰分享，不需要言語多加說明，因
為，那個當我遇見任何事物時，第一個想要分享的
人，此時此刻就在身邊，和我一起感受這一切。

「一起去旅行好嗎？」

「去哪裡好呢？」

「其實去哪裡都可以，只要有你，哪裡都好。」

和你一致的步調

感情中最害怕的，是一方不斷向前，而另一方卻停滯不前。
久而久之，逐漸拉開了彼此的距離……

在以往的圖文中，不難看出綺綺的呵護及體貼，像是：他總是懂
我在想什麼、總是做我最喜歡吃的料理、總是在我發脾氣時冷靜
地包容。我喜歡畫下和他相處的每一刻，在畫圖的當下，我經常
感受到自己有多麼幸運能夠擁有這一切。

不知道我是不是也能給他同樣的心情？

我長期活在自己的世界裡，而綺綺最喜歡體驗新鮮事物。
剛認識彼此時，我們在各方面都有著極大的差距，有些差距總讓
我覺得自己跟不上他的腳步，像是他的經歷和他到過許多地方。

自從他把我帶離小圈圈後，我的生活一切都變得不一樣。我並
非失去原本的自己，盲目去追求、達到他心目中的理想的樣子，
我很清楚自己要的是什麼。這樣的改變，是我一直以來想做卻沒
有勇氣做的，因為他，才能有現在的自己。

像是第一次和他自助旅行時，頭一天我走到雙腿麻痺，後來我每天訓練自己健走和慢跑，往後的旅行，我再也沒有跟不上他的步伐。或是在每一次對他發脾氣，受到他的包容的那一刻，試著反省自己……

他就像一面鏡子，時時刻刻提醒著我。他不會用甜言蜜語包裝我的缺點，不會說我再胖都有人要、不會說儘管我再怎麼懶惰，他都會幫我打理好一切。他會告訴我哪裡不足，哪裡可以更好，不斷地激勵我、並拉著我向前。

謝謝你。

你是讓我更加努力、積極的原因之一。
因為在我心目中如此優秀的你，應該值得擁有更好的我啊。

Thank You：因為你，我喜歡現在的自己

作　　　　者－Aida

美 術 設 計－Rika Su

責 任 編 輯－楊淑媚

校　　　　對－Aida、楊淑媚

行 銷 企 劃－王聖惠

董事長、總經理－趙政岷

第五編輯部總監－梁芳春

出 版 者－時報文化出版企業股份有限公司

　　　　　　10803 台北市和平西路三段二四〇號七樓

　　　　　　發 行 專 線－（〇二）二三〇六一六八四二

　　　　　　讀者服務專線－ 〇八〇〇一二三一一七〇五

　　　　　　　　　　　　（〇二）二三〇四一七一〇三

　　　　　　讀者服務傳真－（〇二）二三〇四一六八五八

　　　　　　郵　　　　撥－一九三四四七二四時報文化出版公司

　　　　　　信　　　　箱－台北郵政七九～九九信箱

時 報 悅 讀 網－http://www.readingtimes.com.tw

電 子 郵 件 信 箱－yoho@readingtimes.com.tw

法 律 顧 問－理律法律事務所　陳長文律師、李念祖律師

印　　　　刷－華展印刷有限公司

初 版 一 刷－二〇一六年十二月二日

定　　　　價－新台幣二八〇元

國家圖書館出版品預行編目（CIP）資料

Thank you：因為你，我喜歡現在的自己
/ Aida 作 .- 初版 .- 臺北市：時報文化，
2016.12　面；　公分
ISBN 978-957-13-6841-2（平裝）
1. 戀愛 2. 兩性關係 3. 通俗作品

544.37　　　　　　　　105021855

⊙行政院新聞局局版北市業字第八〇號

時報文化出版公司成立於一九七五年，
並於一九九九年股票上櫃公開發行，
於二〇〇八年脫離中時集團非屬旺中，
以「尊重智慧與創意的文化事業」為信念。